AF150796

August Haupt

Choralbuch zum häuslichen Gebrauch

Enthaltend 109 der schönsten Choralmelodien

August Haupt

Choralbuch zum häuslichen Gebrauch
Enthaltend 109 der schönsten Choralmelodien

ISBN/EAN: 9783743493506

Hergestellt in Europa, USA, Kanada, Australien, Japan

Cover: Foto ©Thomas Meinert / pixelio.de

Weitere Bücher finden Sie auf **www.hansebooks.com**

Choralbuch zum häuslichen Gebrauch.

CHORALBUCH
zum häuslichen Gebrauch.

Enthaltend

109 der schönsten Choral-Melodieen

mit beigefügtem Text, einfach 4stimmig und leicht ausführbar

für

Clavier, Orgel, Harmonium und Gesang

bearbeitet von

AUGUST HAUPT,

Organist der Parochialkirche in Berlin.

Preis 1¼ Thlr.

Eigenthum für alle Länder.

BERLIN,
Verlag der Schlesinger'schen Buch- und Musikhandlung.
(Rob. Lienau.)

Vorwort.

Die Choralgesänge der evangelischen Kirche, zumeist entstanden im 16. und 17. Jahrhundert, bilden in ihrer Gesammtheit einen eben so umfassenden als tief ergreifenden Ausdruck deutschen Gemüthslebens in jener, kirchlich wie politisch, tief bewegten und drangsalvollen Zeit. Wohl kein Tongebilde irgend einer Zeit oder Art hat gleiche Wichtigkeit erlangt, einen so bedeutenden und nachhaltigen Einfluss ausgeübt, als diese ehrwürdigen Gesänge. Seit Jahrhunderten ein wesentlicher Bestandtheil des Gottesdienstes, ein Bildungs-Element in den Schulen, eine Grundlage sogar für kirchliche Composition ist der Nutzen und Segen kaum zu ermessen, der von ihnen für die sittliche Erziehung des Volkes sowohl, als für das christliche Leben überhaupt ausgegangen ist.

Ein grosser Theil dieser Gesänge ist jedoch selbst fleissigen Kirchengängern ungeläufig, wo nicht ganz unbekannt. Deshalb mag es nicht ungerechtfertigt erscheinen, wenn der Verfasser durch die vorliegende Arbeit eine weitere und genauere Kenntnissnahme derselben anregen, überhaupt ihre Aufnahme in die häusliche Musik vermitteln und erleichtern will. Dem entsprechend sind zunächst die Melodieen vornehmlich aus der oben angedeuteten classischen Zeit, mit besonderer Rücksicht auf musikalischen Gehalt ausgewählt worden. Die Harmonisirung ist möglichst in der gewohnten Weise, einfach und sowohl für Spiel als Gesang leicht ausführbar gehalten. Der untergelegte Text endlich ist mit besonderer Rücksicht auf erbaulichen Gedanken-Inhalt theils aus dem neuen berlinischen Gesangbuche, theils, und mit Vorliebe aus dem Porst entlehnt. Nur wo die Originaltexte zu den Melodieen zu veraltet und ungeniessbar waren, sind andere an deren Stelle getreten. Die Zahl der zu gebenden Lied-Strophen bestimmte sich zunächst nach dem Raum. Kürzere und nach ihrem Inhalt untrennbare Lieder sind vollständig wiedergegeben worden. Bei längeren, die nur eine Auswahl von Strophen zuliessen, sind die Hauptmomente der gedanklichen Entwickelung und ihre logische Abrundung zu einem Ganzen, für die Auswahl bestimmend gewesen. Nach Qualität und Quantität dürften demnach die Texte auch für etwanige Hausandachten genügen.

Möge denn das Werk eine freundliche Aufnahme finden! Nur wer reines Herzens und mit wahrhaft religiösem Sinn seinen Inhalt erfasst, wird auch des Segens desselben theilhaftig werden.

A. Haupt.

Inhalts-Verzeichniss.

	Seite
Ach Gott und Herr!	1
Ach Gott vom Himmel sieh darein.	2
Ach was soll ich Sünder machen?	3
Alle Menschen müssen sterben. (Jesu, meines Lebens Leben.)	4
Allein Gott in der Höh' sei Ehr.	5
Allein zu dir, Herr Jesu Christ.	6
Alles ist an Gottes Segen.	7
Auferstehn, ja auferstehn wirst du.	8
Auf! hinauf zu deiner Freude.	9
Auf meinen lieben Gott.	10
Aus meines Herzens Grunde.	11
Aus tiefer Noth schrei ich zu dir.	12
Befiehl du deine Wege.	13
Christ ist erstanden von der Marter.	14
Christ lag in Todesbanden.	15
Christ unser Herr zum Jordan kam.	16
Christe du Lamm Gottes.	17ᵃ
Christus der ist mein Leben. (Ach bleib mit deiner Gnade.)	18
Christus der uns selig macht.	19
Da Jesus an dem Kreuze stund.	20
Dank sei Gott in der Höhe.	21
Der lieben Sonnen Licht und Pracht.	22
Der Tag ist hin, mein Jesu bei mir bleibe.	23
Die Himmel rühmen des Ewigen Ehre.	24
Die Tugend wird durchs Kreuz geübet. (Wie gross ist des Allmächt'gen Güte.)	25
Die wir uns allhier beisammen finden.	17ᵇ
Dir, dir Jehovah will ich singen.	26
Durch Adams Fall ist ganz verderbt.	27
Eine feste Burg ist unser Gott.	28
Ein Lämmlein geht und trägt die Schuld. (An Wasserflüssen Babylon.)	29
Eins ist noth, ach Herr dies Eine.	30
Ermuntre dich mein schwacher Geist.	31
Erschienen ist der herrlich' Tag.	32
Es ist das Heil uns kommen her.	33
Es ist gewisslich an der Zeit. (Nun freut euch, lieben Christen g'mein.)	34
Es woll' uns Gott genädig sein.	35
Freu dich sehr, o meine Seele.	36
Fröhlich soll mein Herze springen.	37
Gelobet sei'st du Jesu Christ.	38
Gieb dich zufrieden und sei stille.	39
Gott des Himmels und der Erden.	40
Herr Christ der ein'ge Gottes-Sohn.	41
Herr Gott, dich loben Alle wir.	42
Herr ich habe missgehandelt.	43
Herr Jesu Christ! dich zu uns wend.	44
Herr Jesu Christ! ich weiss gar wohl.	45
Herzlich lieb hab' ich dich, o Herr!	46
Herzlich thut mich verlangen.	47
Herzliebster Jesu! was hast du verbrochen?	48
Hüter, wird die Nacht der Sünden.	49
Ich dank dir schon durch deinen Sohn.	50
Ich hab' mein Sach' Gott heimgestellt.	51
Ich ruf' zu dir, Herr Jesu Christ.	52
Ich will dich lieben, meine Stärke.	53
Jerusalem, du hochgebaute Stadt.	54

	Seite		Seite
Jesu meine Freude	55	O Traurigkeit! o Herzeleid!	81
Jesus, meine Zuversicht	56	Preis, Lob, Ehr, Ruhm, Dank, Kraft u. Macht.	82
Komm heiliger Geist, Herre Gott	57	Ringe recht, wenn Gottes Gnade	83
Komm, o komm, du Geist des Lebens	58	Schmücke dich, o liebe Seele	84
Kommt her zu mir, spricht Gottes Sohn	59	Seelenbräntigam, Jesu Gotteslamm!	85
Liebster Jesu, wir sind hier	60	Sollt' ich meinem Gott nicht singen! (Lasset	
Lobe den Herren, den mächtigen König der		uns den Herren preisen.)	86
Ehren	61	Straf mich nicht in deinem Zorn. (Mache dich	
Lobt Gott, ihr Christen, allzugleich	62	mein Geist bereit.)	87
Mach's mit mir Gott nach deiner Güt'. (Mir		Valet will ich dir geben	88
nach, spricht Christus unser Held.)	63	Vater unser im Himmelreich	89
Mein Jesu, dem die Seraphinen	64	Vom Himmel hoch, da komm' ich her	90
Meine Hoffnung stehet feste	65	Von Gott will ich nicht lassen	91
Meinen Jesum lass ich nicht	66	Wach' auf mein Herz und singe	92
Morgenglanz der Ewigkeit	67	Wachet auf! ruft uns die Stimme	93
Nun bitten wir den heiligen Geist	68	Warum betrübst du dich, mein Herz!	94
Nun danket Alle Gott	69	Warum sollt' ich mich denn grämen?	95
Nun lasst uns den Leib begraben	70	Was Gott thut, das ist wohlgethan	96
Nun lob' mein' Seel' den Herren	71	Was mein Gott will, gescheh' allzeit	97
Nun preiset Alle Gottes Barmherzigkeit	72	Wenn meine Sünd' mich kränken	98
Nun ruhen alle Wälder. (In allen meinen		Wenn wir in höchsten Nöthen sein	99
Thaten.)	73	Wer nur den lieben Gott lässt walten	100
Nun sich der Tag geendet hat	74	Wer weiss wie nahe mir mein Ende	101
O! dass ich tausend Zungen hätte	75	Wie schön leuchtet der Morgenstern	102
O du Liebe meiner Liebe	76	Wie wohl ist mir, o Freund der Seelen	103
O Ewigkeit, du Donnerwort	77	Wir Christenleut', haben jetzo Freud'	104
O Gott, du frommer Gott	78	Wir glauben All' an einen Gott	105
O Gott, du frommer Gott	79	Wunderbarer König	106
O Lamm Gottes unschuldig, am Stamm des		Zeuch meinen Geist, triff meine Sinnen	107
Kreuzes geschlachtet	80	Zion klagt mit Angst und Schmerzen	108

1. Ach Gott und Herr etc.

Melodie bei Schein 1627 u. Vopelius 1682.

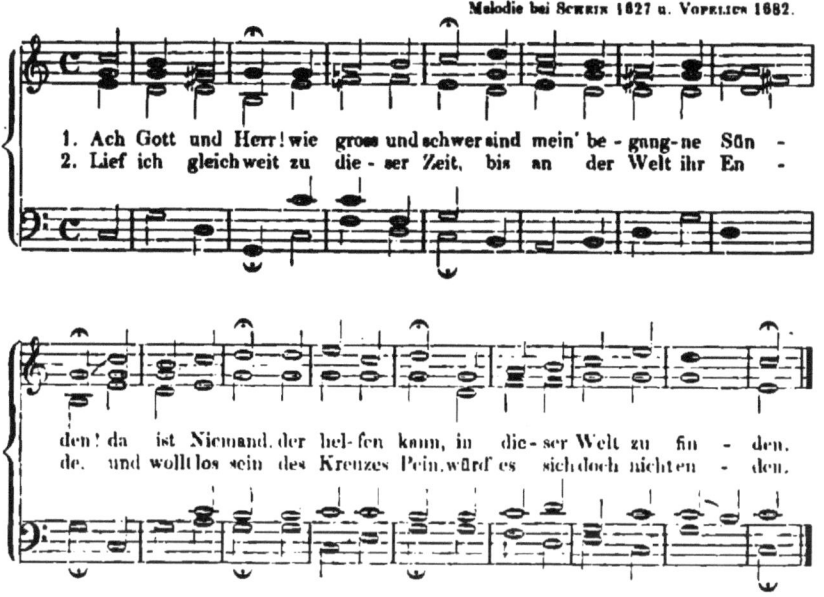

1. Ach Gott und Herr! wie gross und schwer sind mein' begnng-ne Sün -
2. Lief ich gleich weit zu die-ser Zeit, bis an der Welt ihr En -

den! da ist Niemand, der hel-fen kann, in die-ser Welt zu fin - den.
de, und wollt los sein des Kreuzes Pein, würd' es sich doch nicht en - den.

3.
Zu dir flieh ich, verstoss mich nicht,
Wie ichs wohl hab verdienet;
Ach Gott! zürn nicht, geh nicht ins Gericht,
Dein Sohn hat mich versöhnet.

M. Rutilius, geb. 1550, † 1618 als Prediger zu Weimar.

1

2. Ach Gott vom Himmel sich darein.

1543.

1. Ach Gott vom Himmel sich da - rein, und lass dich dess er - bar - men!
Wie we - nig sind der Heil'gen dein' ver - las - sen sind wir Ar - men.

Dein Wort man nicht lässt ha - ben wahr, der Glaub ist auch ver - lo - schen

gar bei al - len Men - schen-kin - dern.

2.

Sie lehren eitel falsche List.
Was eigen Witz erfindet,
Ihr Herz nicht eines Sinnes ist
In Gottes Wort gegründet:
Der wählet dies, der Andre das.
Sie trennen sich ohn' alle Maass,
Und gleissen schön von aussen.

3.

Gott woll ausrotten alle Lehr,
Die falschen Schein uns lehren,
Dazu ihr Zung stolz offenbar
Spricht: Trotz wer will's uns wehren?
Wir haben Recht und Macht allein
Was wir setzen das gilt gemein:
Wer ist der uns soll meistern?

4.

Darum spricht Gott: ich muss auf sein.
Die Armen sind zerstöret.
Ihr Seufzen dringt zu mir herein.
Ich hab ihr' Klag' erhöret:
Mein heilsam Wort soll auf dem Plan
Getrost und frisch sie greifen an.
Und sein die Kraft der Armen.

Dr. M. Luther.

3. Ach was soll ich Sünder machen.

1661.

1. Ach! was soll ich Sün-der ma - chen? Ach was soll ich fan - gen an?
2. Zwar es ha - ben mei - ne Sün-den mei -nen Je - sum oft be - trübt,

mein Ge- wis - sen klagt mich an; es be - gin-net auf-zu - wa-chen,
doch weiss ich, dass er mich liebt, denn er lässt sich gnä- dig fin - den;

dies ist mei - ne Zu - ver - sicht: mei -nen Je - sum lass ich nicht.
drum ob mich die Sünd' an - ficht, mei-nen Je - sum lass ich nicht.

3.

Ob zwar schweres Kreuz und Leiden,
So bei Christen oft entsteht.
Mit mir hart darnieder geht;
Soll's mich doch von ihm nicht scheiden.
Er ist mir ins Herz gericht
Meinen Jesum lass ich nicht.

1*

4. Alle Menschen müssen sterben.

ROSENMÜLLER 1650.

1. Al - le Menschen müs - sen ster - ben, al - les Fleisch ver - geht wie Heu:
Was da le - bet muss ver - der - ben, soll es an - ders wer - den neu:

Die - ser Leib der muss ver - we - sen, wenn er an - ders soll ge - ne - sen

der so gros - sen Herr - lich - keit, die den From - men ist be - reit.

2.
Darum will ich dieses Leben,
Wenn es meinem Gott beliebt.
Auch ganz willig von mir geben,
Bin darüber nicht betrübt:
Denn in meines Jesu Wunden
Hab ich schon Erlösung funden,
Und mein Trost in Todesnoth
Ist des Herren Jesu Tod.

3.
Jesus ist für mich gestorben,
Und sein Tod ist mein Gewinn:
Er hat mir das Heil erworben,
Drum fahr ich mit Freuden hin.
Hier aus diesem Weltgetümmel,
In den schönen Gottes-Himmel,
Da ich werde allezeit
Sehen die Drei-Einigkeit.

I. G. ALBINUS, geb. 1624, † 1679
als Pastor zu St. Othmar in Naumburg.

5. Allein Gott in der Höh' sei Ehr'.

Nic. Decius. 1540.

1. Al - lein Gott in der Höh' sei Ehr' und Dank für sei - ne Gna - de,
Da - rum, dass nun und nim - mermehr, uns rüh - ren kann kein Scha - de;

ein Wohl - ge - fall'n Gott an uns hat. Nun ist gross Fried' ohn'

Un - ter - lass, all' Fehd' hat nun ein En - de.

2.
Wir loben, preis'n, anbeten dich
Für deine Ehr', wir danken.
Dass du, Gott Vater, ewiglich
Regierst ohn' alles Wanken.
Ganz unermess'n ist deine Macht,
Fort geschieht, was dein Will' hat bedacht;
Wohl uns des feinen Herren!

3.
O Jesu Christ! Sohn eingebor'n
Deines himmlischen Vaters,
Versöhner der'r, die waren verlor'n,
Du Stiller unsers Haders;
Lamm Gottes, heil'ger Herr und Gott,
Nimm an die Bitt' von unsrer Noth,
Erbarm dich unser aller!

4.
O heilger Geist, du höchstes Gut,
Du allerheilsamster Tröster!
Vor's Teufels Gewalt fortan behüt',
Die Jesus Christus erlöste
Durch grosse Marter und bittern Tod,
Abwend' all' unsern Jammer und Noth,
Dazu wir uns verlassen.

Nicolaus Decius. 1540.

6. Allein zu dir Herr Jesu Christ.

1545.

1. Al-lein zu dir, Herr Je-su Christ, steht freu-dig mein Ver-trau - en.
Ich weiss, dass du mein Heiland bist; auf wen sollt ich sonst bau - en?

Von An-be-ginn ist nichts er-kohrn, auf Er-den ist kein Mensch ge-born, der

aus der Noth mir hel-fen kann; dich ruf ich an, von dir nur kann ich Hülf empfahn.

2.

Herr, meine Schuld ist übergross,
Und reuet mich von Herzen;
Erbarme dich, und sprich mich los,
Kraft deiner Angst und Schmerzen;
Nimm meiner dich beim Vater an,
Der du für mich genug gethan:
So werd ich los der Sündenlast.
Mein Glaube fasst,
Was du mir zugesaget hast.

3.

Verleih mir aus Barmherzigkeit
Des Glaubens Kraft und Stärke,
Auf dass ich deine Freundlichkeit
Im Geiste fühl und merke;
Vor allen Dingen liebe dich,
Und meinen Nächsten gleich als mich.
Hilf mir in meiner letzten Noth,
Mein Herr und Gott!
Der du für mich besiegt den Tod.

Jon. Chiometus (Schneesing). 1534.

7. Alles ist an Gottes Segen.

1676.

1. Al-les ist an Got-tes Se-gen, und an sei-ner Huld ge-le-gen.
2. Du der mich bis-her er-näh-ret, so viel Wohlthat mir ge-währet

Gott ist un-ser höch-stes Gut; wer auf ihn die Hoff-nung se-tzet,
bist und blei-best e-wig mein. Du der mei-nen Lauf re-gie-ret,

der bleibt e-wig un-ver-le-tzet, und hat im-mer fro-hen Muth.
und mich wun-der-bar ge-füh-ret, wirst mein Schutz auch fer-ner sein.

3.
Soll ich ängstlich sein um Sachen.
Die nur Sorg und Unruh machen,
Und vergebliches Bemühn?
Nein, ich will nach Gütern streben.
Die dem Herzen Frieden geben.
Und im Tode nicht entfliehn.

4.
Hoffnung kann das Herz erquicken:
Was mir gut ist, wirst du schicken.«
Wenn es deinem Rath gefällt.
Dir will ich mich ganz ergeben,
Leid und Freude. Tod und Leben.
Alles sei dir heimgestellt.

Joh. Kolrauss, ein Lehrer und Zeitgenosse
Luthers, † 1558.

8. Auferstehn, ja auferstehn wirst du.

1. Auf - er - stehn, ja auf - er - stehn wirst du, mein Staub, nach
2. Wie - der auf - zu - blühn werd ich ge - sät! der Herr der

kur - zer Ruh! Un - sterb-lich Le - ben wird der dich schuf dir
Ernd-te geht, und sam - melt Gar - ben; er sam - melt uns die

ge - ben! Hal - le - lu - jah!
star - ben, ins Him - mel - reich!

3.
Tag des Danks, der Freudenthränen Tag!
Du meines Gottes Tag!
Wenn ich im Grabe genug geschlummert habe,
Erweckst du mich.

4.
Wie den Träumenden wird's dann uns sein;
Mit Jesu gehn wir ein
Zu seinen Freuden! der müden Pilger Leiden
Sind dann nicht mehr.

KLOPSTOCK.

9. Auf! hinauf zu deiner Freude.

1695.

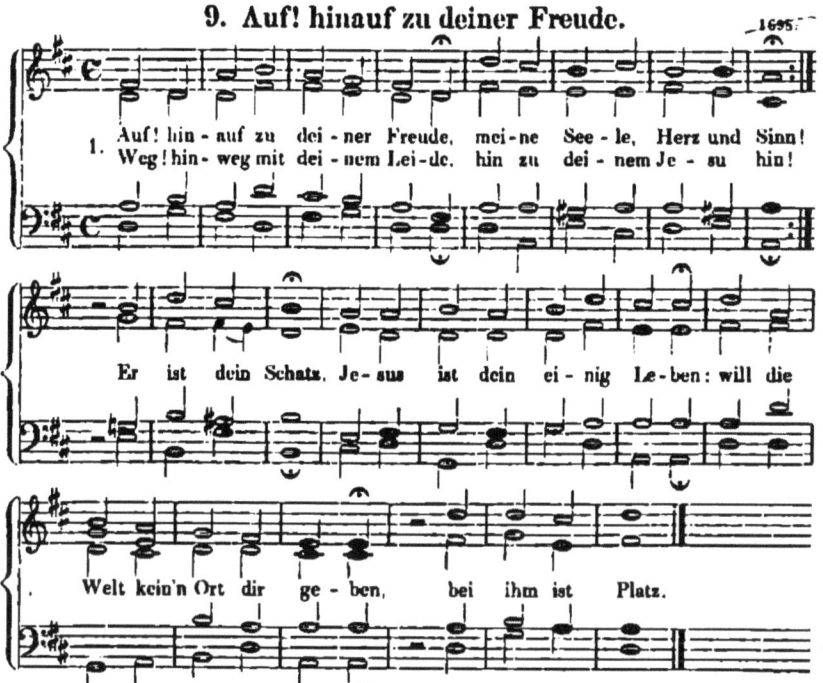

1. Auf! hin - auf zu dei - ner Freude, mei - ne See - le, Herz und Sinn!
Weg! hin - weg mit dei - nem Lei - de, hin zu dei - nem Je - su hin!

Er ist dein Schatz, Je - sus ist dein ei - nig Le - ben: will die

Welt kein'n Ort dir ge - ben, bei ihm ist Platz.

2. Fort! nur fort, steig immer weiter,
In die Höh zu Jesu auf!
An, binan die Glaubensleiter,
Klettre mit geschwindem Lauf.
Gott ist dein Schutz,
Jesus bleibet dein Beschirmer
Wider alle Seel-Bestürmer,
Und bietet Trutz.

3. Ein, hinein in Gottes Kammer,
Die dir Jesus aufgethan!
Klag und sag ihm deinen Jammer,
Schreie ihn um Hülfe an:
Er steht dir bei.
Wenn dich alle Menschen hassen,
Kann und will er dich nicht lassen,
Das glaube frei.

4. Auf! hinauf, was droben suche,
Trachte doch allein dahin,
Wo dein Jesus: sonst verfluche
Allen schnöden Sündensinn.
Zum Himmel zu!
Welt und Erde muss verschwinden,
Nur bei Jesu ist zu finden
Die wahre Ruh.

Joh. Caspar Schade, geb. 1666,
gest. 1698 als Diaconus der St. Nicolai-Kirche zu Berlin.

2

10. Auf meinen lieben Gott.

H. Schein. 1627.

1. Auf mei-nen lie - ben Gott trau ich in Angst und Noth, der kann mich
2. Ob mich die Sünd an - ficht, will ich ver - za - gen nicht; auf Christum

all - zeit ret - ten aus Trüb - sal. Angst und Nö - then; mein Un-glück
will ich bau - en, und ihm all-ein ver-trau - en; ihm will ich

kann er wen - den, steht All's in sei-nen Hän - den.
mich er - ge - ben, im Tod und auch im Le - ben.

3.
Ob mich der Tod nimmt hin,
Sterben ist mein Gewinn.
Und Christus ist mein Leben,
Dem thu ich' mich ergeben:
Ich sterb heut oder morgen,
Mein Seel wird Gott versorgen.

SIGISMUND WEINGÄRTNER,
Prediger in oder bei Heilbronn 1609.

11. Aus meines Herzens Grunde.

1604.

1. Aus mei-nes Her-zens Grun - de sag ich dir Lob und Dank,
   In die-ser Mor-gen - stun - de, da - zu mein Le - ben - lang.
   O Gott vor dei-nem Thron, dir zu Lob, Preis und Eh - ren, durch
   Chris-tum un - sern Her - ren, dein'n ein-ge - bor-nen Sohn.

2. Dass du mich aus Genaden
In der vergangnen Nacht,
Vor G'fahr und allem Schaden
Behütet und bewacht.
Ich bitt demüthiglich:
Wollst mir mein Sünd vergeben,
Womit in diesem Leben
Ich hab erzürnet dich.

3. Du wollest auch behüten
Mich gnädig diesen Tag.
Vors Teufels List und Wüthen,
Vor Sünden und vor Schmach,
Vor Feu'r und Wassersnoth,
Vor Armuth und vor Schanden,
Vor Ketten und vor Banden,
Vor bösem schnellen Tod.

4. Gott will ich lassen rathen,
Der alle Ding vermag.
Er segne meine Thaten.
Mein Vorhaben und Sach.
Ihm hab ichs heimgestellt
Mein Leib, mein Seel, mein Leben,
Sei Gott dem Herrn ergeben.
Er mache, wie's ihm gefällt.

Joh. Mathesius, Pfarrer in
Joachimsthal; geb. 1503 † 1565.

12. Aus tiefer Noth schrei ich zu dir.

_1544._

1. Aus tie- fer Noth schrei ich zu dir, Herr Gott er - hör mein Ru - fen.
   Dein gnä-dig Ohr neig her zu mir, und mei-ner Bitt sie öff - - ne.

Denn so du willt das se - hen an, was Sünd und Un - recht ist ge-

than, wer kann Herr vor dir blei - ben?

2.
Bei dir gilt nichts denn Gnad und Gunst
Die Sünde zu vergeben.
Es ist doch unser Thun umsonst,
Auch in dem besten Leben.
Vor dir Niemand sich rühmen kann,
Es muss dich fürchten Jedermann
Und deiner Gnade leben.

3.
Darum auf Gott will hoffen ich,
Auf mein Verdienst nicht bauen,
Auf ihn verlassen will ich mich,
Und seiner Güte trauen,
Die mir zusagt sein werthes Wort,
Das ist mein Trost und treuer Hort,
Dess will ich allzeit harren.

Dr. MARTIN LUTHER.

13. Befiehl du deine Wege.

1659.

1. Befiehl du dei - ne We - ge, und was dein Her - ze kränkt
Der al - ler - treu - sten Pfle - ge dess, der den Him-mel lenkt;

der Wol-ken Luft und Win - den giebt We-ge, Lauf und Bahn, der wird auch

We - ge fin - den, da dein Fuss ge - hen kann.

2. Dem Herren musst du trauen,
Wenn dirs soll wohlergehn.
Auf sein Werk musst du schauen,
Wenn dein Werk soll bestehn,
Mit Sorgen und mit Grämen,
Und mit selbsteigner Pein
Lässt Gott sich gar nichts nehmen.
Es muss erbeten sein.

3. Dein' ew'ge Treu und Gnade.
O Vater! weiss und sieht,
Was gut sei oder schade
Dem sterblichen Geblüt;

Und was du dann erlesen.
Das treibst du, starker Held.
Und bringst zum Stand und Wesen
Was deinem Rath gefällt.

4. Weg' hast du allerwegen.
An Mitteln fehlt dirs nicht,
Dein Thun ist lauter Segen,
Dein Gang ist lauter Licht.
Dein Werk kann Niemand hindern,
Dein' Arbeit darf nicht ruhn.
Wenn du, was deinen Kindern
Erspriesslich ist, willst thun.

PAUL GERHARDT, 1659.
Als Diaconus zu St. Nicolai in Berlin.

14. Christ ist erstanden von der Marter.

1535.

15. Christ lag in Todesbanden.

1525.

1. Christ lag in To - des - ban - den, für uns - re Sünd ge - ge - ben
   Er ist wie - der er - stan - den und hat uns bracht das Le - ben,

dess wir sol - len fröh-lich sein, Gott lo - ben und ihm dankbar sein, und

sin - gen Hal-le - lu - jah! Hal - le - lu - jah!

2.

Den Tod Niemand bezwingen kunt,
Bei allen Menschenkindern:
Das machet alles unsre Sünd,
Kein' Unschuld war zu finden.
Davon kam der Tod so bald,
Und nahm über uns Gewalt.
Hielt uns in seinem Reich gefangen.
Hallelujah! Hallelujah!

3.

Jesus Christus, wahr Gottes Sohn.
An unser Statt ist kommen.
Und hat die Sünde abgethan.
Damit dem Tod genommen
All sein Recht und sein' Gewalt.
Da bleibet nichts denn Tod's-Gestalt
Den Stachel hat er verloren.
Hallelujah! Hallelujah!

Dr. Martin Luther.

16. Christ unser Herr zum Jordan kam.

1. Christ un-ser Herr zum Jor-dan kam, nach sei-nes Va-ters Wil-len, Da
   Von Sanct Jo-hann die Tau-fe nahm, sein Wort und Amt zu er-fül-len.

wollt er stif-ten uns ein Bad, zu wa-schen uns von Sün - den, er-säu-fen auch den

bittren Tod, durch sein selbst Blut und Wun - den es galt ein neu-es Le - ben.

2.
So hört und merket Alle wohl,
Was Gott selbst heisst die Taufe,
Und was ein Christe glauben soll,
Zu meiden Ketzer-Haufe.
Gott spricht und will, das Wasser sei,
Doch nicht allein schlecht Wasser,
Sein heil'ges Wort ist auch dabei,
Mit reichem Geist ohn' Maasson,
Der ist allhier der Täufer.

3.
Solch's hat er uns bewiesen klar
Mit Bildern und mit Worten;
Des Vaters Stimm man offenbar
Daselbst am Jordan hörte.
Er sprach: Dies ist mein lieber Sohn,
An dem ich hab Gefallen,
Den will ich euch befohlen han,
Dass ihr ihn höret Alle,
Und folget seiner Lehre.

Dr. Martin Luther.

17. a. Christe du Lamm Gottes.

1545.

1. u. 2. Christe du Lamm Got - tes, der du trägst die Sünd' der Welt, er - barm dich un - ser!

3. Christe du Lamm Got - tes, der du trägst die Sünd' der Welt, gieb uns deinen Frie - den!

17. b. Die wir uns allhier beisammen finden.

Die wir uns all hier bei - sam - men fin - den, schla-gen uns - re Hän - de ein,
Uns auf dei - ne Mar - ter zu ver - bin - den, dir auf e - wig treu zu sein.

Und zum Zei-chen dass dies Lob- ge - tö - ne, dei - nem Her - zen an - ge - nehm und schö - ne

sa - ge: A - men und zu - gleich: Frie-de, Frie-de sei mit Euch!

Graf v. Zinzendorf, geb. 1700, † 1760.

3

18. Christus der ist mein Leben.

1609.

1. Chri-stus der ist mein Le - ben, und Ster-ben mein Ge -winn. Ihm
2. Mit Freud fahr ich von hin - nen zu ihm dem Bru -der mein, den

hab ich mich er - ge - ben, mit Freud fahr ich da - hin.
Him-mel zu ge - win - nen, und dort bei ihm zu sein.

3.
Nun hab ich überwunden,
Kreuz, Leiden, Angst und Noth.
Durch seine heil'gen Wunden
Bin ich versöhnt mit Gott.

4.
Wenn mir die Augen brechen,
Der Athem stockt im Lauf.
Der Mund nicht mehr kann sprechen:
Herr, nimm mein Seufzen auf.

5.
Wenn mir Sinn und Gedanken
Vergehen wie ein Licht,
Das hin und her muss wanken,
Wenn Nahrung ihm gebricht.

6.
Als dann fein sanft und stille,
Wenn kommt mein Stündelein,
Und es gebeut dein Wille,
Lass, Herr, mich schlafen ein.

19. Christus der uns selig macht.

Alte böhmische Melodie aus dem 15. Jahrhundert

O hilf Chri-ste Got-tes Sohn, durch dein bitt-res Lei - den,

dass nicht Kreuz nicht Spott und Hohn, uns von dir mag schei - den, dass wir

dei - nes Kreutzes Schmach, fruchtbar-lich be-den - ken, da-für wiewohl

arm und schwach, dir Dank-o-pfer schen - ken.

MICHAEL WEISS, Pfarrer zu
Landskron u. Fullneck in Böhmen. † 1540.

3 *

20. Da Jesus an dem Kreuze stund.

1. Mensch drückt dein Kreuz dich oh - ne Ziel, ist auch des Lei - dens
2. Kommst du in Un - fall Angst und Plag. Ver - lust Ver - folg - ung

noch so viel, werd ja nicht zum Re - bel - len. Stärk dei - nen
Spott und Schmach den Kreuzweg her - ge - gan - gen. Lach o - der

Muth. Gott meint es gut, dies wird zu letzt er - hel - len.
wein' es muss so sein, sollst du zum Heil ge - lan - gen.

3.
Wenn Gott dich schlägt an Geld und Gut,
An Ehr, Gerücht, an Fleisch und Blut,
An Seel, an Muth und Sinnen.
Du bist's nicht werth, denn er begehrt
Hierdurch dich zu gewinnen.

4.
Durchs Kreuz ging unser Herr allein
Zu seiner Herrlichkeit auch ein,
Den Weg musst er erwählen.
Die Wahrheit spricht: gehst du ihn nicht,
Weh' deiner armen Seelen.

21. Dank sei Gott in der Höhe.

1. Dank sei Gott in der Hö - he, in die - ser Mor - gen - stund,
Durch den ich neu auf - ste - he, vom Schlaf frisch und ge - sund.

Mich hat - te zwar ge - bun - den, mit Fin - ster - niss die Nacht, ich

hab sie ü - ber - wun - den, mit Gott der mich be - wacht.

2.
Wiedrum thu ich dich bitten,
O Schutzherr Israel!
Du wollst treulich behüten
Den Tag mein'n Leib und Seel.
All christlich Obrigkeiten,
Unsre Schulen und Gemein
In diesen bösen Zeiten
Lass dir befohlen sein.

3.
Gieb mildiglich dein'n Seegen
Dass wir nach dein'm Geheiss
Wandeln auf guten Wegen,
Thun unser Werk mit Fleiss.
Dass ein jeder sein Netze
Auswerf, und auf dein Wort
Sein'n Trost mit Petro setze
So geht die Arbeit fort.

Joh. MÖHLMANN, † 1613 als Professor der
Theologie u. Archidiaconus zu St. Nicolai in Leipzig.

22. Der lieben Sonnen Licht und Pracht.

1690.

1. Der lie - ben Son-nen Licht und Pracht, hat nun den Lauf voll-füh - ret.
Die Welt hat sich zur Ruh ge-macht thu Seel' was dir ge-büh - ret.

Tritt an die Himmels-thür, und sing ein Lied da - für, lass dei - ne

Au-gen Herz und Sinn, auf Je - sum sein ge - rich-tet hin.

2. Verschmähe nicht das schlechte Lied,
Das ich dir Jesu singe,
In meinem Herzen ist kein Fried.
Eh' ich es zu dir bringe.
Ich bringe was ich kann.
Ach! nimm es gnädig an.
Es ist doch herzlich gut gemeint.
O Jesu meiner Seelen Freund.

3. Mit dir will ich zu Bette gehn.
Dir will ich mich befehlen.
Du wirst, mein Hüter auf mich sehn,
Und rathen meiner Seelen.
Ich fürchte keine Noth.
Kein' Hölle, Welt noch Tod,
Denn wer mit Jesu schlafen geht,
Mit Freuden wieder aufersteht.

Nun, matter Leib, schick' dich zur Ruh,
Und schlaf fein sanft und stille,
Ihr müden Augen schliesst euch zu.
Denn das ist Gottes Wille.
Schliesst aber dies mit ein:
Herr Jesu ich bin dein!
So ist der Schlum recht wohl gemacht;
Nun liebster Jesu gute Nacht.

M. Christian Scriver, geb. 1629.
† 1693, zuletzt Oberhofprediger zu Quedlinburg.

23. Der Tag ist hin, mein Jesu bei mir bleibe.

Goudimel 1565.

1. Der Tag ist hin, mein Je - su bei mir blei - be, o See - len-
2. Lob Preis und Dank sei dir mein Gott ge - sun - gen, dir sei die

licht! Der Sünden Nacht ver - trei - be, geh auf in mir, Glanz der Ge-
„ Ehr, dass Al - les wohl ge - lun - gen, auch dei - nem Rath, ob ich's gleich

rech - tig - keit! er - leuch - te mich, ach Herr, denn es ist Zeit.
nicht ver - steh: du bist ge - recht, es ge - he wie es geh.

3.
Nur eines ist, das mich empfindlich quälet;
Beständigkeit im Guten mir noch fehlet,
Das weisst du wohl du Herzenskündiger!
Ich strauchle noch wie ein Unmündiger.

4.
Vergieb es Herr, was mir sagt mein Gewissen,
Welt, Teufel, Sünd hat mich von dir gerissen,
Es ist mir leid, ich stell mich wieder ein,
Da ist die Hand: du mein und ich bin dein.

J. Neander, geb. 1610, † 1680,
Prediger zu St Martini in Bremen.

24. Die Himmel rühmen des Ewigen Ehre.

1. Die Him-mel rüh-men des E - wi-gen Eh-re; ihr Schall pflanzt sei - nen
2. Wer trägt der Himmel un zählba-re Sterne? Wer führt die Sonn aus

Na - men fort. Ihn rühmt der Erd kreis, ihn prei- sen die Mee-re; ver-
ih - rem Zelt? Sie kommt und leuch-tet und lacht uns von fer - ne, und

nimm o Mensch ihr gött - lich Wort!
läuft den Weg gleich als ein Held.

3.
Vernimm's und siehe die Wunder der Werke,
So die Natur dir aufgestellt!
Verkündigt Weisheit und Ordnung und Stärke
Dir nicht den Herrn, den Herrn der Welt?

4.
Kannst du der Wesen unzählige Heere,
Den kleinsten Wurm fühllos beschaun?
Durch wen ist Alles? O gieb ihm die Ehre!
Mir, ruft der Herr, sollst du vertraun.

5.
Sein ist die Kraft, sein ist Himmel und Erde,
Mit seiner Rechten schützt er dich.
Der Alles schuf durch sein mächtiges Werde,
Gott bleibt dein Vater ewiglich.

CHR. FÜRCHTEGOTT GELLERT, geb. 1715,
† 1769 als Professor zu Leipzig.

25. Die Tugend wird durchs Kreuz geübet.

1704.

1. Wie gross ist des All-mächt'gen Gü-te! Ist der ein Mensch, den sie nicht rührt,
Der mit ver-här-te- tem Ge-mü-the den Dank er-stickt, der ihm ge- bührt?
Nein, sei-ne Lie-be zu er-mes-sen, sei e-wig mei-ne grösste Pflicht. Der
Herr hat mein noch nie ver-ges- sen, ver-giss mein Herz auch sei-ner nicht.

2.
Wer hat mich wunderbar bereitet?
Der Gott der meiner nicht bedarf.
Wer hat mit Langmuth mich geleitet?
Er, dessen Rath ich oft verwarf.
Wer stärkt den Frieden im Gewissen?
Wer giebt dem Geiste neue Kraft?
Wer lässt mich so viel Heil geniessen?
Ist's nicht sein Arm der Alles schafft?

3.
Und diesen Gott sollt' ich nicht ehren,
Und seine Güte nicht verstehn?
Er sollte rufen, ich nicht hören,
Den Weg den er mir zeigt, nicht gehn?
Sein Will' ist mir ins Herz geschrieben;
Sein Wort bestärkt ihn ewiglich:
Gott soll ich über Alles lieben,
Und meinen Nächsten so wie mich.

C. F. Gellert.

4

26. Dir, dir Jehova will ich singen.

1704.

1. Dir, dir, Je - ho - va will ich sin - gen, denn wo ist doch ein
Dir will ich mei-ne Lie - der bringen, ach gieb mir dei - nes

sol - cher Gott wie du? dass ich es thu im Na-men Je - su
Gei - stes Kraft da - zu.

Christ, so wie es dir durch ihn ge - fäl - lig ist.

2.
Zeuch mich, o Vater, zu dem Sohne,
Damit dein Sohn mich wieder zieh zu dir;
Dein Geist in meinem Herzen wohne,
Und meine Sinnen und Verstand regier,
Dass ich den FriedenGottes schmeck und fühl,
Und dir darob im Herzen sing und spiel.

3.
Verleih mir Höchster, solche Güte,
So wird gewiss mein Singen recht gethan;
So klingt es schön in meinem Liede
Und ich bet' dich im Geist und Wahrheit an.
So hebt dein Geist mein Herz zu dir empor,
Dass ich dir Psalmen sing' im höhern Chor.

BARTHOLOMÄUS CRASSELIUS, geb. 1651, † 1724,
als lutherischer Prediger zu Düsseldorf.

27. Durch Adams Fall ist ganz verderbt.

1510.

1. O Je-su mei-ne Zu-ver-sicht, mein Hei-land und mein Le - ben,
   Ver-stos-se du mich Sün-der nicht, für den du dich ge - ge - ben;
   du starbst für mich den bit-tern Tod, mir Gna-de zu er-wer - ben, drum
   hilf mir aus der Sün-de Noth, und lass mich nicht ver-der - ben.

2.
Die Macht der Sünde herrscht in mir,
Und schwächt der Seele Kräfte,
Das Fleisch verhindert für und für
Der Heiligung Geschäfte;
Das Gute das ich lieben soll,
Wird von mir unterlassen.
Mein Herz ist ganz des Bösen voll,
Das ich soll fliehn und hassen.

3.
Steh du in dieser Noth mir bei.
Du Urquell aller Gnaden!
Und mach durch deine Kraft mich frei.
Heil meiner Seele Schaden:
Gieb mir dein Licht, dass ich durch dich
Mich selber kann verstehen,
Durch deine Wahrheit lehre mich
Erkennen mein Vergehen.

Ludwig Andreas Gotter, geb. 1661, † 1735
als Hof- und Assistens-Rath zu Gotha.

4*

28. Ein' feste Burg ist unser Gott.

Dr. M. Luther 1527.

1. Ein' fe-ste Burg ist un-ser Gott, ein' gu-te Wehr und Waf - fen.
Er hilft uns frei aus al-ler Noth, die uns jetzt hat be-trof - fen.

Der al-te bö-se Feind, mit Ernste er's jetzt meint: gross' Macht und

vie-le List, sein' grausam Rüstung ist, auf Erd'n ist nichts seins glei - chen.

2. Mit unsrer Macht ist nichts gethan,
Wir sind gar bald verloren,
Es streit't für uns der rechte Mann,
Den Gott selbst hat erkoren.
Fragest du wer er ist?
Er heisset Jesus Christ,
Der Herre Zebaoth,
Und ist kein andrer Gott,
Das Feld muss er behalten.

3. Und wenn die Welt voll Teufel wär',
Und wollten uns verschlingen,
So fürchten wir uns nicht so sehr,
Es soll uns doch gelingen;
Der Fürste dieser Welt,

Wie sauer er sich stellt,
Thut er uns doch nichts,
Das macht, er ist gericht't.
Ein Wörtlein kann ihn fällen.

4. Das Wort sie sollen lassen stahn,
Und kein'n Dank dazu haben,
Er ist bei uns wohl auf dem Plan
Mit seinem Geist und Gaben.
Nehmen sie uns den Leib,
Gut, Ehre, Kind und Weib,
Lass fahren dahin,
Sie haben's kein'n Gewinn,
Das Reich Gottes muss uns bleiben.

Dr. M. Luther 1527.

29. Ein Lämmlein geht und trägt die Schuld.

(An Wasserflüssen Babylon.)

W. Dachstein 1525.

1. Ein Lämm-lein geht und trägt die Schuld der Welt und ih - rer Kin - der;
Es geht und büs - set in Ge - duld die Sün - den al - ler Sün - der.
Es ge - het mit ge - las - nem Sinn, und schweigend sei - nen Weg da - hin, be-
giebt sich al - ler Freu - den; es sieht die Mar - ter die ihm droht, und will die
Schmerzen und den Tod, doch gern aus Lie - be lei - den.

2.
Dies Lamm ist Jesus unser Freund,
Der Retter vom Verderben,
Der nach des Vaters Rath erscheint,
Am Kreuz für uns zu sterben.
O Wunderlieb', o Liebesmacht,
Gott hat, was nie ein Mensch gedacht,
Uns seinen Sohn geschenket.
O unerhörte Liebesthat,
Dass, der in sich das Leben hat,
Sich in den Tod gesenket.

3.
So lang' ich lebe, will ich dich
Aus meinem Sinn nicht lassen;
Mit starker Liebe hältst du mich,
So will auch ich dich fassen.
Nur dir gefallen, sei mein Ruhm;
Ich will mich dir zum Eigenthum
Auf ewig übergeben.
Nur du bist meine Zuversicht,
Und wenn mein Aug' im Tode bricht,
Bist du auch dann mein Leben.

Paul Gerhardt.

30. Eins ist noth, ach Herr dies Eine.

1. Eins ist Noth o Herr, dies Ei - ne lehr - re mich er - ken - nen doch;
Al - les An - dre wie's auch schei - ne, ist ja nur ein schweres Joch;
Da - run - ter die See - le mit Sor - gen sich pla - get, und den - noch kein
vol - les Ge - nü - gen er - ja - get; er - lang ich dies Ei - ne, das Al - les er -
setzt, so werd ich mit Al - lem in Ei - nem er - götzt.

2.
Seele, willst du dieses finden,
Suchs bei keiner Creatur,
Lass nichts Irdisches dich binden,
Schwing dich über die Natur,
Wo Gott und die Menschheit in Einem vereinet,
Wo alle vollkommene Fülle erscheinet,
Da, da ist das beste nothwendige Theil,
Dein Ein und dein Alles, dein ewiges Heil.

3.
Ja, mein Jesu, du alleine,
Sollst mein Ein und Alles sein,
Prüf, erforsche, wie ichs meine,
Tilge allen Heuchelschein;
Sieh, ob ich auf bösem, betrüglichem Stege
Und leite mich selber auf richtige Wege;
Lass Schmach mich nicht achten, nicht Leiden,
nicht Tod,
Um dich zu gewinnen, dies Eine ist Noth.

Joh. Heinrich Schröder, † 1725,
war 1696 Prediger zu Meseberg im Magdeburgischen.

31. Ermuntre dich mein schwacher Geist.

Joh. Schop 1640.

1. Er-mun-tre dich mein schwacher Geist, und tra-ge gross Ver-lan - gen,
Den Heiland den der Himmel preist, mit Freuden zu em-pfan - gen.

Dies ist die Nacht, in der er kam, und menschlich We-sen an sich nahm. Er

will durch sein Er-schei - nen uns ganz mit Gott ver-ei - nen.

2.
Willkommen Held aus Davids Stamm,
Du König aller Ehren!
Willkommen Jesu, Gotteslamm!
Ich will dein Lob vermehren; ·
Ich will dir all' mein Lebelang
Von Herzen sagen Preis und Dank,
Dass du, da wir verloren,
Für uns bist Mensch geboren.

3.
O du des Vaters ein'ges Kind!
Du Hoffnung aller Frommen!
Durch den nun Gottes Kinder sind,
Die dich Herr aufgenommen!
Komm Jesu in mein Herz hinein,
Und lass es deine Wohnung sein;
Dahin geht mein Verlangen, .
Dich würdig zu empfangen.

Joh. Rist, geb. 1607, † 1667, als Prediger
zu Wedel an der Elbe und Herzoglich Mecklenburgischer Kirchenrath.

32. Erschienen ist der herrlich' Tag.

Nicolaus Hermann 1510.

1. Er - schie-nen ist der herr - lich Tag, drau sich Nie - mand gnug freu - en mag: Christ un - ser Herr heut' tri - um - phirt, all' sei - ne Feind ge - fan - gen führt. Hal - le - lu - jah!

2. Die al - te Schlang, die Sünd und Tod, die Höll' all'n Jam - mer, Angst und Noth, hat ü - ber - wun - den Je - sus Christ, der heut vom Tod er - stan - den ist. Hal - le - lu - jah!

3.
Sein'n Raub der Tod muss fahren lahn,
Das Leben siegt und g'wann ihm an,
Zerstört ist nun all seine Macht,
Christ hat das Leben wiederbracht.
Hallelujah!

4.
Drum wir auch billig fröhlich sein,
Singen das Hallelujah fein,
Und loben dich Herr Jesu Christ,
Zu Trost du uns erstanden bist.
Hallelujah!

Nicolaus Hermann, † 1561.
als Cantor in Joachimsthal an der Voigtländischen Grenze.

33. Es ist das Heil uns kommen her.

1523.

1. Sei Lob und Ehr dem höch-sten Gut, dem Va-ter al - ler Gü - te.
Dem Gott der al - le Wun-der thut, dem Gott der mein Ge-mü - the

mit sei-nem rei-chen Trost er - füllt, dem Gott der al - len

Jam - mer stillt. Gebt un - serm Gott die Eh - re!

2.
Es danken dir die Himmelsheer,
O Herrscher aller Thronen!
Und die auf Erden, Luft und Meer
In deinem Schatten wohnen.
Die preisen deine Schöpfermacht,
Die Alles also wohl bedacht.
Gebt unserm Gott die Ehre!

3.
Was unser Gott geschaffen hat,
Das will er auch erhalten,
Darüber will er früh und spat
Mit seiner Gnade walten.
In seinem ganzen Königreich
Ist Alles recht und Alles gleich.
Gebt unserm Gott die Ehre!

Dr. Paul Speratus, geb. 1484, † 1551.
Bischof von Liebmühl.

34. Es ist gewisslich an der Zeit.

Dr. M. LUTHER. 1535.

1. Herr wie du willst so schick's mit mir, im Le-ben und im Ster - ben,
   Zu dir al - lein steht mein Be-gier, lass mich Herr nicht ver-der - ben.

Er - halt mich nur in dei-ner Huld, sonst wie du willst, gieb mir Ge-

duld, dein Will der ist der be - ste.

2.
Zucht, Ehr und 'Treu verleih mir, Herr,
Und Lieb' zu deinem Worte,
Behüt mich Herr vor falscher Lehr.
Und gieb mir hier und dorte,
Was mir dient zu der Seeligkeit,
Wend ab all' Ungerechtigkeit,
In meinem ganzen Leben.

3.
Wenn ich einmal nach deinem Rath
Von dieser Welt soll scheiden,
Verleih, o Herr, mir deine Gnad,
Dass es geschch mit Freuden.
Mein Leib und Seel befehl ich dir,
O Herr, ein sel'ges End gieb mir,
Durch Jesum Christum, Amen.

Dr. CASPAR MELISANDER, geb. 1540, † 1591,
als General-Superintendent zu Altenburg.

35. Es woll' uns Gott genädig sein.

Dr. M. Luther. 1525.

1. Es wol - le Gott uns gnä - dig sein, und sei - nen Se - gen ge - ben,
Sein Ant - litz uns mit hel - lem Schein, er - leuchtzum ew - gen Le - ben,
dass wir er - ken - nen sei - ne Werk', und was er schafft auf Erden, und Je - su Chri - sti Heil und Stärk, be - kannt den Völ - kern werden, und sie zu Gott be - keh - ren.

2.

So danken dir und loben dich.
Herr Gott, die Völker alle,
Der ganze Weltkreis freuet sich,
Und singt mit grossem Schalle,
Dass du auf Erden Richter bist,
Und lässest Sünd nicht walten.
Dein Wort die Hut und Weide ist,
Die alles Volk erhalten,
In rechter Bahn zu wallen.

3.

Es preise Gott, und lobe dich
Dein Volk in guten Thaten,
Das Land bring Frucht und bessre sich,
Dein Wort lass wohl gerathen.
Uns segne, Vater, Sohn und Geist,
Dass Gottes Reich sich mehre,
Den alle Welt in Demuth preist,
Und ihm allein thut Ehre.
Nun sprecht von Herzen: Amen.

Dr. Martin Luther.

36. Freu dich sehr, o meine Seele.

GOUDIMEL. 1562.

1. Freu dich sehr o mei - ne See - le, und ver-giss all Noth und Qual,
   Weil dich nun Chri-stus, dein Her - re, ruft aus die-sem Jam-mer-thal!

Aus der Trüb-sal, Angst und Leid, sollst du fah - ren in die Freud, die kein

Ohr je - mals ge - hö - ret, und in E - wig - keit noch wäh - ret.

2.
Tag und Nacht hab ich gerufen.
Zu dem Herren meinem Gott,
Weil mich stets viel Kreuz betroffen.
Dass er mir hülf aus der Noth.
Wie sich sehnt ein Wandersmann,
Dass sein Weg ein End mög han,
So hab ich gewünschet eben,
Dass sich enden mög mein Leben.

3.
Wenn die Morgenröth herleuchtet,
Und der Schlaf sich von uns wend't.
Sorg und Kummer daher streichet, .
Müh find't sich an allem End.
Unsre Thränen sind das Brod,
So wir essen früh und spat,
Wenn die Sonn' nicht mehr thut scheinen,
Ist nur lauter Klag und Weinen.

4.
Drum Herr Christ du Morgensterne.
Der du ewiglich aufgehst,
Sei von mir jetzund nicht ferne,
Weil mich dein Blut hat erlöst.
Hilf, dass ich mit Fried und Freud,
Mög von hinnen fahren heut,
Ach! sei du mein Licht und Strasse,
Mich mit Beistand nicht verlasse.

CASPAR v. WARNSBERG.

37. Fröhlich soll mein Herze springen.

Joh. Crüger 1656.

1. Fröh-lich soll mein Her - ze sprin - gen die - ser Zeit, da vor Freud,
2. Heu - te geht aus sei - ner Kam - mer Got-tes Held, der die Welt

al - le Eu - gel sin - gen. Hört, hört, wie mit vol - len Chö-
reisst aus al - lem Jam - mer. Gott wird Mensch, dir Mensch zu Gu-

ren, al - le Luft lau - te ruft: Chri-stus ist ge - bo - ren.
te; Got - tes Kind das ver-bind't sich mit uns-rem Blu - te.

3.
Sollt uns Gott nun können hassen,
Der uns giebt, was er liebt
Ueber alle Maassen?
Gott giebt, unsrem Leid zu wehren.
Seinen Sohn von dem Thron
Seiner Macht und Ehren.

4.
Die ihr schwebt in grossen Leiden,
Sehet, hier ist die Thür
Zu den ew'gen Freuden.
Fasst ihn wohl, er wird euch führen,
An den Ort, da hinfort
Euch kein Kreuz wird rühren.

Paul Gerhardt.

38. Gelobet sei'st du Jesu Christ.

1524.

1. Ge - lo - bet seyst du Je - su Christ, dass du Mensch ge - bo - ren
2. Des ew'-gen Va - ters ein'-ger Sohn, kommt her - ab von sei - nem

bist, von ei - ner Jung - frau, ja für wahr! dess freu - et sich der
Thron; mit un - serm ar - men Fleisch und Blut be - klei - det sich das

En - gel Schaar. — Hal - le - lu - jah!
ew' - ge Gut. — Hal - le - lu - jah!

3.
Den aller Weltkreis nie beschloss,
Liegt dort in Mariens Schooss;
Er ward ein Kindlein, der die Welt
Mit seinem Wort allein erhält.
Hallelujah!

4.
Der Sohn verlässt des Himmels Zelt,
Wird ein Gast in dieser Welt,
Und führt uns aus dem Jammerthal
Als Erben in den Freudensaal.
Hallelujah!

4.
Das hat er Alles uns gethan,
Seine Lieb' zu zeigen an;
Dess freut sich alle Christenheit,
Und dankt es ihm in Ewigkeit.
Hallelujah!

Dr. M. Luther

39. Gieb dich zufrieden und sei stille. Jacob Hintze. 1690.

1570

1. Gieb dich zu-frie-den und sei stil - le, in dem Got - te
In ihm ruht al - ler Freu-den Fül - le, ohn' ihn mühst du

dei-nes Le - bens, Er ist der Quell der rein-sten Won - ne, macht
dich ver-ge - bens.

Al - les hell, ist dei - ne Son - ne: gieb dich zu -frie - den.

2.
Der Gott des Trostes und der Gnaden,
Liebt mit treuem Vaterherzen:
Steht er bei dir, wird dir nichts schaden.
Auch die Pein der grössten Schmerzen.
Kreuz, Angst und Noth kann er bald wenden.
Ja selbst den Tod hat er in Händen.
Gieb dich zufrieden.

4.
Lass dich dein Elend nicht bezwingen.
Halt an Gott, so wirst du siegen,
Ob alle Fluthen dich umringen,
Du wirst doch nicht unterliegen.
Gott ist nicht fern, steht in der Mitten.
Und höret gern der Armen Bitten.
Gieb dich zufrieden.

3.
Wie dirs und Andern oft ergehe,
Ist ihm wahrlich nicht verborgen;
Er sieht und kennet aus der Höhe
Des betrübten Herzens Sorgen,
Er fasset auf die heissen Thränen,
Zu ihm hinauf dringt all dein Sehnen:
Gieb dich zufrieden.

5.
Ein Ruhetag ist noch vorhanden,
Unser Gott wird uns erlösen.
Er wird zerbrechen unsre Banden,
Uns befrein von allem Bösen.
Einst kömmt der Tod von Gott gesendet
Und alle Noth ist dann geendet.
Gieb dich zufrieden.

Paul Gerhardt.

40. Gott des Himmels und der Erden.

H. ALBERT 1613.

Gott des Himmels und der Er - den, Va - ter, Sohn und heil- ger Geist,
Der es Tag und Nacht lässt wer - den, Sonn und Mond uns schei- nen heisst,

des- sen star- ke Hand die Welt, und was drin- nen ist er - hält.

2.

Gott ich danke dir von Herzen,
Dass du mich in dieser Nacht
Vor Gefahr, Angst, Noth und Schmerzen
Hast behütet und bewacht,
Dass des Bösen Macht und List
Mein nicht mächtig worden ist.

3.

Lass die Nacht auch meiner Sünden
So wie diese Nacht vergehn,
Lass bei dir mich Gnade finden,
Glaubensvoll auf Jesum sehn,
Der für meine Missethat
Sich am Kreuz geopfert hat.

3.

Hilf, dass ich auch diesen Morgen
Geistlich auferstehen mag,
Und für meine Seele sorgen,
Eh' erscheint dein grosser Tag;
Dann beb ich als Sünder nicht,
Wenn du kommst, und hältst Gericht.

HEINRICH ALBERT, geb. 1604, † 1668,
Organist zu Königsberg in Preussen.

41. Herr Christ der ein'ge Gotts-Sohn.

1524.

1. Herr Je - su Gna - den - son - ne, wahr - haf - tes Le - bens - licht,
Gieb Le - ben Licht und Won - ne dem blö - den An - ge - sicht.

Nur du kannst mich er - freu - en, und mei - nen Geist er - neu -

en, o Herr ver - sag mirs nicht.

2.
Vergieb mir meine Sünden,
Demüthig bitt ich dich ;
Lass Trost bei dir mich finden,
Und hilf mir gnädiglich.
Lass deine Friedensgaben
Die bange Seele laben ;
Mein Jesu höre mich.

3.
Vertreib aus meiner Seele
Den alten bösen Sinn,
Dass ich nur dich erwähle
Zum seligen Gewinn,
Dir will ich mich ergeben,
Und dir zu Ehren leben
Weil ich erlöset bin.

4.
Befördre dein Erkenntniss
In mir, mein Seelenhort,
Und öffne mein Verständniss
Durch dein heilsames Wort,
Damit ich an dich glaube,
In deiner Wahrheit bleibe,
Und wachse fort und fort.

L. A. GOTTER.

6

42. Herr Gott dich loben Alle wir.

GOUDIMEL 1565.

1. Gott woll - te nicht des Sün - ders Tod, gab ihm sein Wort und
2. Im Don - ner beb - te Si - na - i, als sein Ge - setz der

sein Ge - bot, that ernst - lich sei - nen Wil - len kund, rief Is - ra-
Herr ver - lieh; er grubs in Fel - sen - ta - feln ein; doch auch des

el in sei - nen Bund.
Vol - kes Herz blieb Stein.

3.
Du sprach voll Huld des Vaters Mund,
Gestiftet werd' ein neuer Bund,
Kein todter Buchstab' auf dem Stein,
Die Liebe schreib' ins Herz ihn ein.

4.
So sandte Gott von seinem Thron,
Den eignen eingebornen Sohn;
Der Vater thut durch Christi Mund
Sein Wort und seine Liebe kund.

5.
Des Sohnes Ruf ist: Menschen, hört,
Was euch der Gott der Liebe lehrt,
Liebt den, der euch zuvor geliebt,
Und euch den Sohn zum Heiland giebt.

CARL BERNHARD GARVE.

43. Herr ich habe missgehandelt.

Joh. Crüger 1653.

1. Herr ich ha - be miss - ge - han - delt, und mich drückt der
   Ich bin nicht den Weg ge - wan - delt, den du mir ge -

Sün - den Last; Jetzt möcht ich vor dei - nem Schre - cken gern die
zei - get hast;

ban - ge See - le de - cken.

2.
Aber wohin sollt ich fliehen!
Du wirst allenthalben sein.
Wollt ich über Meere ziehen,
Stieg ich in die Gruft hinein,
Hätt ich Flügel gleich den Winden,
Dennoch würdest du mich finden!

3.
Drum muss ich es nur bekennen;
Herr, ich habe missgethan,
Darf mich nicht dein Kind mehr nennen.
Ach, nimm mich zu Gnaden an,
Richte nicht der Sünden Menge,
Herr, nach des Gesetzes Strenge.

Joh. Franck, geb. 1618, † 1677,
als Bürgermeister und Landes-Aeltester zu Guben.

6 *

44. Herr Jesu Christ dich zu uns wend.

1651.

1. Herr Je - su Christ dich zu uns wend, dein'n heil - gen Geist du
2. Thu auf den Mund zum Lo - be dein, be - reit das Herz zur

zu uns send: mit Hülf und Gnad' er uns re - gier, und
An - dacht fein! den Glau - ben mehr stärk den Ver - stand, dass

uns den Weg zur Wahr - heit führ'!
uns dein Nam' werd wohl be - kannt.

3.
Bis wir singen mit Gottes Heer:
Heilig, heilig ist Gott der Herr,
Und schauen dich von Angesicht
In ew'ger Freud und sel'gem Licht.

4.
Ehr sei dem Vater und dem Sohn,
Dem heil'gen Geist in einem Thron!
Der heiligen Dreifaltigkeit
Sei Lob und Preis in Ewigkeit.

WILHELM II. Herzog zu Sachsen Weimar,
geb. 1598, † 1662.

45. Herr Jesu Christ ich weiss gar wohl.

Wenn mein Stünd-lein ge - kom-men ist, und ich soll fahr'n mein
so g'leit du mich, Herr Je - su Christ, mit Hülf mich nicht ver-

Stras - se.
las - se.
Mein Seel an mei-nem letz-ten End, be - fehl ich Herr in

dei - ne Händ, du wirst sie wohl be - wah - ren.

2. Mein' Sünd' mich werden kränken sehr,
Mein G'wissen wird mich nagen.
Denn ihr'r sind viel wie Sand am Meer.
Doch will ich nicht verzagen,
Gedenk'n will ich an deinen Tod,
Herr Jesu deine Wunden roth,
Die werden mich erhalten.

3. Ich bin ein Glied an deinem Leib,
Des tröst ich mich von Herzen.
Von dir ich ungeschieden bleib,
In Todesnoth und Schmerzen.
Wenn ich gleich sterb, so sterb ich dir,
Ein ew'ges Leben hast du mir
Durch deinen Tod erworben.

4. Weil du vom Tod erstanden bist,
Werd ich im Grab nicht bleiben,
Mein höchster Trost dein Auffahrt ist.
Tod's-Furcht kannst du vertreiben.
Denn wo du bist, da komm ich hin,
Dass ich stets bei dir leb und bin:
Drum fahr ich hin mit Freuden. NICOLAUS HERMANN.

46. Herzlich lieb hab ich dich, o Herr!

1593.

1. Herz-lich lieb hab ich dich, o Herr, ver-lei-he du mir im-mer mehr, die Fül-le
   Die gan-ze Welt er-freut mich nicht, nach Erd und Himmel frag ich nicht, wenn ich nur

dei-ner Ga-ben.
dich kann ha-ben. Auch wenn mein Herz im To-de bricht, bist du doch mei-ne Zu-ver-

sicht, du mei-nes Her-zens höchstes Gut, der mich er-löst hat durch sein Blut. Herr Je-su

Christ, Herr Je-su Christ mein Gott und Herr, ver-lass, ver-lass mich nim-mer-mehr!

2. Es ist ja dein Geschenk und Gab',
Leib, Seel' und Alles was ich hab'
In diesem armen Leben.
Dass ich es brauch zum Lobe dein,
Zum Nutz und Frommen der Gemein,
Wollst du mir Gnade geben.
Behüt mich, Herr, vor falscher Lehr,
In mir den rechten Glauben mehr,
In allem Kreuze stärke mich,
Dass ich es trage williglich.
Herr Jesu Christ!
Herr Jesu Christ mein Herr und Gott!
Hilf mir auch in der letzten Noth!

3. Lass deinen Engel bei mir sein,
Der mich nach überstandner Pein
Zur Ruh des Himmels trage.
Den Leib lass sanft im Grabe ruhn,
Bis du erscheinst, es aufzuthun
An jenem grossen Tage;
Alsdann erweck vom Tode mich,
Dass meine Augen schauen dich,
In sel'ger Ruh, o Gottes Sohn,
Mein Mittler und mein Gnadenthron.
Herr Jesu Christ!
Herr Jesu Christ, erhöre mich,
Ich will dich preisen ewiglich.

MARTIN SCHALLING,
geb. 1532. † 1608 als Prediger an der Marienkirche zu Nürnberg.

47. Herzlich thut mich verlangen.

HANS LEO HASSLER 1601.

1. O Haupt voll Blut und Wun - den, voll Schmerz und vol - ler Hohn!
O Haupt zum Spott ge - bun - den mit ei - ner Dor - nen - kron!
O Haupt, das sonst ge - tra - gen, die höch - ste Ehr und Zier, doch
schimpflich nun ge - schla - gen, ge - grüs-set seist du mir!

2. Du edles Angesichte,
Das sonst, der Sonne gleich,
Gestrahlt im hellsten Lichte,
Wie bist du nun so bleich;
Dein Blick, mit Kraft gefüllet,
Der sonst die Welt geschreckt,
Wie ist er jetzt verhüllet,
Mit Dunkel ganz bedeckt!

3. Die Farbe deiner Wangen,
Und deiner Lippen Roth
Ist hin und ganz vergangen
In deiner Todesnoth.
Was hat dem Tod gegeben,
O Jesu, diese Macht.
Dass er dein heilig Leben
Versenkt in seine Nacht?

4. O Herr, was du erduldet,
Ist alles meine Last:
Ich, ich hab es verschuldet,
Was du getragen hast.
Schau her, hier steh' ich Armer
Der Zorn verdienet hat;
Gieb mir, o mein Erbarmer,
Den Anblick deiner Gnad!   PAUL GERHARDT.

48. Herzliebster Jesu! was hast du verbrochen?

Joh. Crüger. 1640.

1. Herz-lieb-ster Je - su, was hast du ver - bro - chen, dass dir das
2. Du wirst ge - geis-selt und zur Schmach ge - krö - net, in's An - ge-

To - des - ur - theil ward ge - spro - chen? was ist die Schuld, wo
sicht ge - schla-gen und ver - höh - net, und wie es Mis - se-

für so har - te Stra - fen dich Heil-ger tra - fen?
thä - tern nur ge - büh - ret, zum Kreuz ge - füh - ret.

3.
Was ist doch wohl die Ursach solcher Plagen?
Ach, meine Sünden haben dich geschlagen;
Ich selbst, Herr Jesu, habe das verschuldet,
Was du erduldet.

Joh. Heermann. 1630.

49. Hüter, wird die Nacht der Sünden.

1704.

1. Hü - ter, wird die Nacht der Sün - den nicht ver - schwin-den?
2. Wir sind ja der Nacht ent - nom - men, seit du kom - men!

Ist nicht die - se Nacht bald hin? Wird das Dun - kel vor den Sin - nen
Doch ich wei - le noch in Nacht! Da - rum wollst du mir, dem Dei - nen,

nicht zer - rin - nen, wo-mit ich um - hül - let bin?
auch er - schei-nen, dem du Licht und Recht ge - bracht.

3.
Kann ich wohl durch eigne Stärke,
Lichteswerke in der Finsterniss vollziehn?
Kann ich Liebe selber üben, Demuth lieben,
Und die dunklen Wege fliehn?

4.
Möcht ich wie das Rund der Erden
Lichte werden! Seelensonne geh mir auf,
Mir, der kalt sich fühlt und trübe!
Jesu Liebe, komm, beschleunige den Lauf.

5. Dass sich länger nicht die Seele
In mir quäle, zünde du dein Feuer an!
Lass mich finstern Sohn der Erden
Helle werden, dass ich Gutes wirken kann.

Dr. Christ. Friedrich Richter, geb. 1676,
† 1711 als Dr. der Medizin und practischer Arzt am Waisenhause zu Halle.

7

50. Ich dank' dir schon durch deinen Sohn.

MICHAEL PRAETORIUS. 1610.

1. Mein erst Ge - fühl sei Preis und Dank; er - he - be Gott o
2. Mich selbst zu schü-tzen oh - ne Macht, leg ich und schlief in

See - le! Der Herr hört dei - nen Lob-ge - sang; lob-
Frie - den. Wer schafft die Si - cher - heit der Nacht, und

sing ihm mei - ne See - le!
Ru - he für den Mü - den?

3.
Du bist es, Gott und Herr der Welt,
Und dein ist unser Leben.
Du bist es, der es uns erhält,
Und mirs jetzt neu gegeben.

4.
Gelobet seist du, Gott der Macht,
Gelobt sei deine Treue,
Dass ich nach einer sanften Nacht,
Mich dieses Tags erfreue.

5. Lass deinen Segen auf mir ruhn,
Mich deine Wege wallen,
Und lehre du mich selber thun
Nach deinem Wohlgefallen.

GELLERT.

51. Ich hab' mein' Sach' Gott heimgestellt.

1569.

1. Wie fleucht da - hin der Men - schen Zeit! wie ei len wir zur
2. Das Le - ben ist gleich ei - nem Traum, ist nur ein Tand und

E - wig - keit! wie Man - cher sinkt in To - des - nacht, eh' er's ge-
nicht'ger Schaum; der Blu - me gleichts, die heu - te steht, und schnell ver-

dacht, und sich da - zu be - reit ge - macht.
geht, so - bald der Wind da - rü - ber geht.

3.
Nur du, mein Gott, du bleibest mir
Das, was du bist, ich traue dir;
Lass Berg' und Hügel fallen hin
Mir ist's Gewinn,
Wenn ich bei meinem Jesu bin.

4.
So lang ich in der Hütten wohn,
Erwecke mich o Gottes Sohn.
Dass ich mich stets erhalte wach,
Und jeden Tag.
Eh' ich noch sterbe, sterben mag.

JOACHIM NEANDER. 1679.

7*

52. Ich ruf' zu dir, Herr Jesu Christ.

1540.

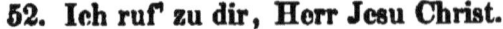

1. Ich ruf' zu dir, Herr Je-su Christ! ich bitt', er-hör' mein Fle-hen.
Lass gnä-dig doch zu die-ser Frist mich dei-ne Hül-fe se-hen.

Den rechten Glauben, Herr, ich mein', und dass ich mö-ge ster-ben, dir zu

le-ben, dem Nächsten nütz zu sein, das wol-lest du mir ge-ben.

2.
Ich bitte mehr noch, Herr, mein Gott!
Du wirst mir's nicht versagen,
Dass ich nicht sei der Frevler Spott,
Die nicht nach Christo fragen.
Und wenn ich scheiden soll, mich stärk',
Dass ich auf dich mög' bauen,
Und nicht trauen
Auf mein Verdienst und Werk,
Sonst werd' ich dich nicht schauen.

3.
Verleih, dass ich aus Herzensgrund
Den Feinden mög' vergeben;
Verzeih mir auch zu dieser Stund,
Schaff' mir ein neues Leben.
Dein Wort lass meine Speise sein,
Die Seel' damit zu nähren,
Mich zu lehren,
Wie ich, im Herzen rein,
Dich würdig soll verehren.

53. Ich will dich lieben, meine Stärke.

1704.

1. Ich will dich lie - ben, mei - ne Stär - ke, dich mei - ner
Ich will dich lie - ben durch die Wer - ke. und mit der

See - le Ruhm und Zier; ich will dich lie - ben schön-stes Licht,
hei - lig - sten Be - gier;

bis mir das Her - ze bricht.

2.
Ich will dich lieben, o mein Leben,
Dich, meiner Seele besten Freund,
Ich will dich lieben und erheben,
So lang dein Guadenglanz mir scheint;
Ich will dich lieben Gottes Lamm,
Das litt am Kreuzesstamm.

3.
Ach dass ich dich so spät erkannte,
Du hochgelobter Heiland du!
Dass ich nicht früher mein dich nannte,
Du höchstes Gut und wahre Ruh!
O wie ist tief mein Herz betrübt,
Dass es dich spät geliebt!

Dr. Joh. Scheffler (Angelus),
geb. 1624, † 1677.

54. Jerusalem, du hochgebaute Stadt.

1. Je - ru - sa - lem, du heil- ge Got-tes-stadt, ach wär ich schon in dir!
Mein hof-fend Herz ist die-ser Er - den satt, und sehnt sich fort von hier;

weit ü - ber Berg und Tha - le, weit ü - ber Flur und Feld, fleugts

auf zum Himmels-saa - le, ver-gisst die nicht-ge Welt.

2.
O schöner Tag, o sel'ger Augenblick,
Wann bricht dein Glanz hervor,
Da frei und leicht zu reinem Himmelglück
Sich schwingt die Seel empor.
Da ich sie übergebe
In Gottes treue Hand,
Auf dass sie ewig lebe
In jenem Vaterland?

3.
O Himmelsburg, gegrüsset seist du mir,
Thu auf die Gnadenpfort;
Wie lange schon hat mich verlangt nach dir!
Ich eile freudig fort,
Fort aus dem bösen Leben,
Aus jener Nichtigkeit,
Der ich war hingegeben
In meiner Prüfungszeit.

DR. JOH. MATTHÄUS MEYFART, geb. 1590,
† 1642 als Professor der Theologie und Pastor zu Erfurt.

55. Jesu meine Freude.

Joh. Crüger. 1656.

1. Je - su, mei - ne Freu - de, mei-nes Her - zens Wei - de,
   Ach wie lang, wie lan - ge, ist dem Her - zen ban - ge,
   Je - su mei-ne Zier! wie verlangt's nach dir! Ich bin dein und du bist mein; Got-tes Lamm mir
   soll auf Er - den nichts sonst lie - ber wer - den.

2. Unter deinem Schirmen
   Bin ich vor den Stürmen
   Aller Feinde frei.
   Lass die Felsen splittern,
   Lass den Erdkreis zittern,
   Mir steht Jesus bei.
   Ob die Welt in Trümmer fällt,
   Ob auch Tod und Hölle schrecken:
   Jesus will mich decken.

3. Donnert auch im Grimme
   Des Gesetzes Stimme;
   Jesus stillet sie.
   Mag der Tod sich nahen,
   Mich das Grab umfahen;
   Jesus lässt mich nie.
   Mich schreckt nicht das Weltgericht,
   Freudig, dass ich Jesum sehe,
   Blick ich auf zur Höhe.

4. Weg mit allen Schätzen,
   Du bist mein Ergötzen,
   Jesu meine Lust!
   Weg, ihr eiteln Ehren,
   Die gar leicht bethören,
   Bleibt mir unbewusst!
   Elend, Noth, und Schmach und Tod,
   Soll, wieviel ich auch muss leiden,
   Mich von dir nicht scheiden.

   Johann Franck.

56. Jesus, meine Zuversicht.

Jom. Crüger. 1653.

1. Je - sus, mei - ne Zu - ver - sicht und mein Hei - land ist im
Die - ses weiss ich, soll - te nicht sich mein Herz zu - frie - den

Le - ben!
ge - ben?
Was die lan - ge To - des - nacht mir auch

für Ge - dan - ken macht.

2.
Jesus, er mein Heiland lebt.
Ich werd auch das Leben schauen,
Sein, wo mein Erlöser lebt,
Warum sollte mir denn grauen?
Lässet auch ein Haupt sein Glied,
Welches es nicht nach sich zieht?

3.
Ich bin durch der Hoffnung Band
Zu genau mit ihm verbunden,
Hält' ihn mit des Glaubens Hand
Fest in meinen letzten Stunden,
Dass mich auch kein Todesbann
Ewig von ihm trennen kann.

4.
Ich bin Staub, und muss daher
Auch einmal zu Staube werden;
Das erkenn ich, doch wird er
Mich erwecken aus der Erden,
Dass ich in der Herrlichkeit
Um ihn sein mög allezeit.

Louise Henriette, Churfürstin von Brandenburg,
geb. 1627, † 1667.

57. Komm heiliger Geist, Herre Gott.

1525.

1. Komm, hei-li - ger Geist, Her-re Gott, er - füll mit dei - ner Gna-den Gut
2. Du hei-li - ges Licht, ed - ler Hort, lass leuchten uns des Le - bens Wort,

dei - ner Gläu-bi - gen Herz, Muth und Sinn; ent - zün-de dei - ne Lieb in
und lehr uns Gott recht er - ken - nen, von Her-zen Va - ter ihn nen-

ihn'n. O Herr, durch dei - nes Lich-tes Glanz zu dem Glau-ben ver - sam - melt hast, das
nen. O Herr, be - hüt vor frem-der Lehr, dass wir nicht Mei - ster su - chen mehr, denn

Volk aus al - ler Welt Zun - gen, das sei dir Herr zu Lob ge-
Je - sum Christ mit rech - tem Glau - ben, und ihm aus gan - zer Macht ver-

sun - gen. Hal - le - lu - jah! Hal - le - lu - jah!
trau - en. Hal - le - lu - jah! Hal - le - lu - jah!

58. Komm, o komm, du Geist des Lebens.

Joh. Christoph Bach. 1690.

1. Komm, o komm, du Geist des Le - bens, wah - rer Gott in
   Un - ser Flehn sei nicht ver - ge - bens, komm, er - füll uns

E - wig - keit! So wird Licht und hel - ler Schein, in dem
je - der - zeit:

dun - keln Her - zen sein.

2.
Gieb in unser Herz und Sinnen
Weisheit, Rath, Verstand und Zucht,
Dass wir anders nichts beginnen,
Als nur, was dein Wille sucht;
Dein Erkenntniss werde gross,
Und mach uns vom Irrthum los.

3.
Zeig uns an die rechten Stege,
Führ' uns stets auf eb'ner Bahn,
Räume ferner aus dem Wege,
Was im Lauf uns hindern kann,
Und wer doch gestrauchelt hat,
Dem gieb Reue nach der That.

4.
Lass uns stets dein Zeugniss merken,
Dass wir Gottes Kinder sind,
Dass wir unsern Glauben stärken,
Wenn sich Noth und Drangsal find't,
Lehr uns, dass des Vaters Zucht
Einzig unser Bestes sucht.

Heinrich Held. 1664.

59. Kommt her zu mir, spricht Gottes Sohn.

1545.

1. Ihr ar-men Sün-der kommt zu Hauf, zu Je - su len-ket eu - ren
2. Es heisst: er nimmt die Sün - der an! drum komm zu dem der hel-fen

1. Lauf, müh-se - lig und be-la - den! Er öff - net sein er - bar-mend
2. kann, such Ruh in sei - nen Ar - men! Komm weinend, komm in wah-rer

1. Herz, für Al - le die in Reu und Schmerz, er-ken-nen ih - ren Scha - den.
2. Buss, und fall' im Glauben ihm zu Fuss, er wird sich dein er - bar - men.

3.
Verlässet wohl ein treuer Hirt
Sein Schäflein, wenn es sich verirrt?
Er sucht es mit Verlangen;
Er lässt die Andern alle stehn,
Dem Einen sorglich nach zu gehn,
Das Eine zu umfangen.

4.
So sucht der Heiland, Jesus Christ,
Die Seele, die verloren ist,
Bis dass er sie gefunden.
Ach, lass dich finden, wenn er lockt.
O Sünder, bleibe nicht verstockt,
Nah sind die Gnadenstunden.

LAURENTI, geb. 1660,
† 1722 als Musikdirector am Dom zu Bremen.

60. Liebster Jesu, wir sind hier.

Joh. Rudolph Ahle, 1664.

1. Lieb-ster Je - su, wir sind hier, dich und dein Wort an - zu-
   Len - ke Sin - nen und Be - gier auf die süs - sen Him-mels-

hö - ren!   dass die Her-zen von der Er - den, ganz zu
leh - ren,

dir ge - zo - gen wer - den.

2.
Unser Wissen und Verstand
Ist mit Finsterniss umhüllet,
Wo der Geist, den du gesandt,
Nicht mit Klarheit uns erfüllet.
Gutes denken, thun und dichten,
Musst du selbst in uns verrichten.

3.
O du Glanz der Herrlichkeit,
Licht von Licht aus Gott geboren,
Mach uns allesammt bereit.
Oeffne Herzen, Mund und Ohren;
Unser Beten, Flehn und Singen,
Lass, Herr Jesu, wohlgelingen.

Tobias Clausnitzer, geb. 1619, † 1684
als Kirchenrath und Pastor zu Pargutein und Weyden in der Oberpfalz.

61. Lobe den Herren, den mächtigen König der Ehren.

1666.

1. Lo-be den Her-ren, den mächti - gen Kö-nig der Eh - ren!
Lob'ihn, o See - le ver - eint mit den himmli - schen Chö - ren!

Kom-met zu Hauf! Psal-ter und Har - fe wach' auf! Las-set den

Lob - ge - sang hö - ren.

2.
Lobe den Herren, der Alles so herrlich regieret,
Der wie auf Flügeln des Adlers, dich sicher geführet,
Der dir gewährt,
Was dich erfreuet und nährt,
Dank es ihm, innigst gerühret.

3.
Lobe den Herren, der künstlich und fein dich bereitet,
Der dir Gesundheit verliehen, dich freundlich geleitet.

In wieviel Noth
Hat nicht der gnädige Gott
Ueber dir Flügel gebreitet?

4.
Lobe den Herren, und preise des Ewigen Namen,
Alles was Odem hat, preise des Heiligen Namen!
Er ist dein Licht!
Seele vergiss es ja nicht,
Lob ihn in Ewigkeit! Amen.

JOACHIM NEANDER, 1680.

62. Lobt Gott, ihr Christen allzugleich.

NICOLAUS HERMANN, 1554.

1. Lobt Gott, ihr Chri - sten all - zu - gleich von sei - nem höch - sten
2. Der Sohn kommt aus des Va - ters Schooss, ein Hei - land uns zu

Thron! er schenkst uns auf sein Him - mel - reich, und schenkt uns
sein, er wird ein Mensch, wird arm und blos, uns e - wig

sei - nen Sohn.
zu er - freun.

3.
Der alle Dinge trägt und hält.
Mit göttlicher Gewalt,
Kommt arm und niedrig in die Welt,
Erscheint in Knechtsgestalt.

4.
Er wechselt mit uns wunderbar,
Nimmt unsre Armuth an.
Uns aber beut er Güter dar,
Die Niemand schätzen kann.

5.
Er wird ein Kind, um uns das Recht
Der Kindschaft zu verleihn.
Preis ihn, begnadigtes Geschlecht,
Das ew'ge Erb' ist dein.

NICOLAUS HERMANN.

63. Mach's mit mir, Gott, nach deiner Güt'.

J. H. Schein, 1628.

1. Mir nach spricht Christus un - ser Held, folgt mei - nem Vor-bild
   ver - läug - net euch, ver - lasst die Welt, mit ih - ren eit - len

Chri - sten;
La - sten; nehmt auf euch Kreuz und Un - ge - mach, und

fol - get mei - nem Wan-del nach.

2.
Ja, Herr, dein Vorbild leuchtet mir,
Zu einem heilgen Leben.
Wem anders sollt ich wohl als dir,
Zu folgen mich bestreben?
Du zeigst den Weg zum wahren Wohl,
Und wie ich richtig wandeln soll.

3.
So lasst uns denn mit unserm Herrn,
Wohin er führet gehen.
Und wohlgemuth, getrost und gern,
Bei ihm im Leiden stehen!
Denn wer nicht kämpft, trägt auch zum Lohn
Des Lebens Krone nicht davon.

Joh. Scheffler (Angelus) 1668.

64. Mein Jesu, dem die Seraphinen.

1704.

Mein Je-su, dem die Se - ra - phi - nen, wenn dein Befehl an sie er-geht,
nur mit verdecktem An-tlitz die - nen, im Glan-ze dei-ner Ma-je-stät;

wie sollten meine blö-den Au - gen, die der ver-hass-ten Sün-de Nacht

noch so viel trüber hat ge-macht, dein helles Licht zu schauen tau - gen?

2.

Doch gönne meines Glaubens Blicke
Den Eingang in dein Heiligthum,
Dass deine Gnade mich erquicke
Zu meinem Heil und deinem Ruhm!
Von fern steht die beschämte Seele;
Doch wenn sie reuevoll sich beugt,
Bist du es, der sich gnädig neigt,
Und spricht: »du bist's die ich erwähle.«

3.

Ja zeige, Jesu, dich voll Güte
Dem Herzen, das nach Gnade lechzt!
Hör auf das sehnende Gemüthe,
Wie es, »Gott sei mir gnädig!« ächzt.
Dein Blut ist schon für mich geflossen,
Um wegzunehmen Schuld und Pein;
Wie sollt'st du mir nicht gnädig sein?
Nein, Herr, du kannst mich nicht verstossen.

W. Christoph Dessler, geb. 1660, † 1722
als Conrector der Schule zum heiligen Geist in Nürnberg.

65. Meine Hoffnung stehet feste.

NEANDER, 1660.

1. Auf, ihr Chri-sten Chri-sti Glie - der, han - get fest an
   Auf, wacht auf! er - mannt euch wie - der, eh' der Feind die

eu - rem Haupt. denn er beut Kampf und Streit Chri - sto
See - le raubt;

und der Chri - sten - heit.

2.
Folgt des Heilands Kreuzesfahne,
Trauet seinem starken Arm!
Tobt auch auf des Kampfes Plane
Seiner Feinde wilder Schwarm;
Christi Heer kann vielmehr
Wenn es stehet um ihn her.

3.
Nur auf Christi Wort gewaget.
Mit Gebet und Wachsamkeit;
Dies allein macht unverzaget,
Und recht tapfre Kriegesleut:
Christi Wort ist der Hort.
Der uns schirmet fort und fort.

JUSTUS FALKNER, Prediger zu New-York und Albanien in Amerika im Anfang des 18. Jahrhunderts.

66. Meinen Jesum lass ich nicht.

1. Mei-nen Je-sum lass ich nicht, weil er sich für mich ge-ge-ben;
2. Je-sum lass ich nim-mer nicht, bis an mei-nes Le-bens En-de,

sollt ich nicht aus Dank und Pflicht, an ihm han-gen in ihm le-ben,
und voll Glaubens-zu-ver-sicht, geb ich mich in sei-ne Hän-de,

Er ist mei-nes Le-bens Licht, mei-nen Je-sum lass ich nicht.
Herz und Mund mit Freuden spricht: mei-nen Je-sum lass ich nicht.

3.
Lass vergehen mein Gesicht,
Aller Sinnen Kraft entweichen,
Lass das letzte Tageslicht,
Dem gebrochnen Aug' erbleichen!
Wenn des Leibes Hütte bricht,
Meinen Jesum lass ich nicht.

4.
Nicht nach Welt, nach Himmel nicht,
Nur nach ihm mein Herz sich sehnet;
Jesum such' ich und sein Licht,
Ihn, der mich mit Gott versöhnet;
Er befreit mich vom Gericht,
Meinen Jesum lass ich nicht.

M. CHRISTIAN KEYMANN, geb. 1607,
† 1662 als Rector zu Pancrata in Böhmen.

67. Morgenglanz der Ewigkeit.

1704.

1. Mor-gen-glanz der E-wig-keit,
   hilf in die-ser Mor-gen-zeit.
   Licht vom un-er-schaff-nen Lich-te,
   dass dein Schein sich zu uns rich-te,
   und ver-treib durch dei-ne Macht

un-sre Nacht.

2. Deiner Gnade Morgenthau
   Senk, o Herr auf uns sich nieder,
   Dass, gleich Blumen auf der Au,
   Sich die Seel erhebe wieder,
   Seegen ström auf deine Schaar
   Immerdar.

3. Gieb, dass deiner Liebe Gluth
   Unsern Herzens Kält' ertödte,
   Und erwecke Sinn und Muth
   Bei der neuen Morgenröthe,
   Dass wir, deine Bahn zu gehn,
   Recht aufstehn.

4.
Schmück uns mit Gerechtigkeit,
Als mit einem weissen Kleide,
Das von uns nie werd entweiht,
Und an seinem Glanz nie leide:
Lass uns hell und sündenrein
Vor dir sein.

5.
Leucht uns selbst in jene Welt,
Du verklärte Gnadensonne,
Führ uns durch das Thränenfeld
In das Land der süssen Wonne,
Wo, was selig uns erhöht,
Nie vergeht.

Knorr v. Rosenroth, Freiherr, geb. 1636,
† 1688 als Geh.-Rath und Canslei-Director am Hofe zu Sulzbach.

9*

68. Nun bitten wir den heiligen Geist.

1525

1. Nun bit-ten wir den hei-li-gen Geist, um den rech-ten Glauben
2. Du wer-thes Licht, gieb uns dei-nen Schein, lehr uns Chri-stum er-ken-

al-ler-meist, dass er uns be-hü-te an un-serm En-de,
nen al-lein, dass wir an ihn glau-ben, den treu-en Hei-land,

wenn wir heimfahr'n aus die-sem E-len-de. Er-barm dich Herr!
der uns ge-bracht zum rech-ten Va-ter-land. Er-barm dich Herr!

3.

Du süsse Liebe, du himmlisch Gut,
Lass uns empfinden der Liebe Glut,
Dass wir uns von Herzen einander lieben,
Eines Sinnes des Herrn Gebot ausüben.
    Erbarm dich Herr!

4.

Du höchster Tröster in aller Noth,
Hilf, dass wir nicht fürchten Schand und Tod,
Dass uns Herz und Sinnen nicht gar vorzagen,
Wenn unsre Sünden uns wollen verklagen.
    Erbarm dich Herr!

Ein altes Lied aus dem 13ten Jahrhundert
durch Dr. M. LUTHER verbessert.

69. Nun danket Alle Gott.

Jos. Crüger. 1649.

1. Nun dan-ket Al-le Gott, mit Her-zen, Mund und Hän - den,
der gros-se Din-ge thut, an uns und al - len En - den;

der uns von Mut-ter - leib und Kin-des - bei -nen an, bis die-sen

Au - gen - blick un - zäh - lig Guts ge - than.

2.
Der ewigreiche Gott
Woll uns bei unserm Leben
Ein immer fröhlich Herz
Und edlen Frieden geben,
Und uns in seiner Gnad
Erhalten fort und fort,
Und uns aus aller Noth
Erlösen hier und dort.

3.
Lob, Ehr und Preis sei Gott,
Dem Vater und dem Sohne,
Und Lob dem heilgen Geist
Im hohen Himmelsthrone;
Der Gott, den wir erhöhn,
Bleibt, wie er ewig war,
Unendlich gross und gut;
Lob sei ihm immerdar.

M. Martin Rinckart, geb. 1586, † 1649
als Archidiakonus zu Eilenburg in Meissen.

70. Nun lasst uns den Leib begraben.

1. Herr Je - su Christ dein theu - res Blut, ist mei - ner See - len
2. Dein Blut mein Schmuck und Eh - ren - kleid, dein Un - schuld und Ge-

höch - stes Gut, das trö - stet, stärkt und macht al - lein, vor
rech - tig - keit, macht, dass ich kann vor Gott be - stehn und

Gott mich al - ler Sün - de rein.
in des Him - mels Freud' ein - gehn.

3.
O, Jesu Christe, Gottes Sohn,
Mein Trost, mein Heil mein Gnadenthron,
Dein Blut, das in mir Leben schafft,
Erfülle mich mit neuer Kraft.

4.
Herr Jesu, in der letzten Noth,
Wenn mich erschrecket Sünd' und Tod,
Dann lass mich diesen Trost erfreun:
Dein Blut macht mich von Sünden rein.

Dr. Johann Olearius, geb. 1611, † 1684
als Oberhofprediger und Generalsuperintendent zu Weissenfels.

71. Nun lob' mein' Seel' den Herren.

H. KUGELMANN. 1540.

Nun lob den Herrn o Dee - le! was in dir ist den Na - men sein!
Ver - giss nicht und er - zäh - le, was er ge - than dich zu er - freun! Er

hat die Schuld ver - ge - ben, denn sei - ne Gnad' ist gross, er schützt dein ar - mes

Le - ben, nimmt dich in sei - nen Schoos; er trö - stet und er - qui - cket, ver - jün - get

dei - ne Kraft, und was sein Rath dir schi - cket, hat im - mer Heil ge - schafft.

2.

Er hat uns wissen lassen
Sein heilig Recht und sein Gericht;
Erbarmung ohne Maassen
Folgt dem, der nicht sein Bündniss bricht.
Den Zorn lässt er bald schwinden,
Straft nicht nach unsrer Schuld,

Er lässt uns Gnade finden,
Und trägt uns mit Geduld.
Nun dürfen wir nicht sorgen,
Fern lässt er von uns sein,
Wie Abend von dem Morgen,
Die Sünd' und ihre Pein.

D. JOHANN POLIANDER, geb. 1487,
† 1541 als Prediger in Königsberg.

— 72 —

72. Nun preiset Alle Gottes Barmherzigkeit.

M. A. von Löwenstern. 1644.

1. Ich hab' von Fer-ne Herr! dei-nen Thron er-blickt, und hät-te ger-ne
2. Das war so prächtig was ich im Geist ge-seh'n! du bist all - mächtig

mein Herz vor-aus-ge-schickt! und hät-te gern mein mü - des Le - -
drum ist dein Licht so schön! Könnt ich an die - sen hel - len Thro - -

ben Schöpfer der Gei-ster dir hin - ge - ge - - ben!
nen doch schon von heu-te an e - wig woh - - nen!

3. Nur, ich bin sündig,
Der Erde noch geneigt,
Das hat mir bündig,
Dein heilger Geist gezeigt!
Ich bin noch nicht genug gereinigt,
Noch nicht ganz innig mit dir vereinigt.
4. Doch bin ich fröhlich
Dass mich kein Bann erschreckt;
Ich bin schon selig

Seitdem ich das entdeckt!
Ich will mich noch im Leiden üben,
Und dich zeitlebens inbrünstig lieben.
5. Ich bin zufrieden
Dass ich die Stadt gesehn;
Und ohn' ermüden
Will ich ihr näher gehn,
Und ihre hellen goldnen Gassen
Lebenslang nicht aus den Augen lassen.

Dr. Joh. Timotheus Hermes.

73. Nun ruhen alle Wälder.

Heinrich Isaac, 1490.

1. Nun ru-het in den Wäl-dern, in Städ-ten und auf Fel-dern
2. Wo bist du Licht, ge-blie-ben? die Nacht hat dich ver-trie-ben,

sanft schlummernd was da lebt; ihr a-ber mei-ne Sin-nen, sollt
die Nacht des Lich-tes Feind. Doch ei-ne an-dre Son-ne, mein

Got-tes Lob be-gin-nen, eh ihr dem Schlaf euch ü-ber-gebt.
Je-sus mei-ne Won-ne, ist's die mir hell im Her-zen scheint.

3.
Der Tag ist nun vergangen,
Die goldnen Sterne prangen
In jenen Himmelshöhn.
So werden, Herr, die Deinen
Einst Sternen gleich erscheinen;
Auch ich werd unter ihnen stehn.

4.
Ich will, der Ruh zu pflegen,
Die Kleider von mir legen,
Das Bild der Sterblichkeit.
Einst sinkt auch diese Hülle,
Und aus der Gnadenfülle
Schenkt Christus mir das Ehrenkleid.

Paul Gerhardt.

— 74 —

74. Nun sich der Tag geendet hat.

Adam Krieger. 1667.

1. Nun sich der Tag ge-en-det hat, die Son-ne
2. Nur du, mein Gott, wirkst oh-ne Rast, du schläfst noch

nicht mehr scheint, schläft was von Ar-beit müd und matt, und
schlummerst nicht; ob uns die Fin-ster-niss um-fasst, bleibst

was zu-vor ge-weint.
du doch uu-ser Licht.

3.
Gedenke, Herr, nun auch an mich
In dieser dunklen Nacht,
Und halte du mich gnädiglich
In deiner Hut und Wacht.

4.
Soll diese Nacht die letzte sein,
Fasst mich des Todes Hand,
So führ mich, Herr, zum Himmel ein
Ins ew'ge Vaterland.

Joh. Friedrich Herzog, geb. 1647,
† 1699 als Rathsconsulent zu Dresden.

75. O! dass ich tausend Zungen hätte.

1738.

1. O, dass ich tau-send Zun-gen hät - te, und ei-nen tau send-
mit al - len We-sen um die Wet - te lobt ich dann Gott aus

fa - chen Mund,
Her-zens-grund.
Denn was der Herr an mir ge - than, ist mehr, als

ich er - zäh - len kann.

2.
O, dass doch meine Stimm' erschallte
Bis dahin, wo die Sonne steht!
O, dass mein Blut mit Freuden wallte,
So lang es durch die Adern geht!
O wäre jeder Puls ein Dank,
Und jeder Odem ein Gesang!

3.
Wer überströmet mich mit Seegen?
Bist du es nicht, du reicher Gott?
Wer schützet mich auf meinen Wegen?
Du mächtiger Herr Zebaoth!
Du leitest mich nach deinem Rath,
Der nur mein Heil beschlossen hat.

4.
Drum schweiget nicht, ihr meine Kräfte;
Auf, auf, braucht allen euren Fleiss!
Und euer freudigstes Geschäfte
Sei meines Gottes Ruhm und Preis.
Auf, meine Seel, ermuntre dich,
Und lobe Gott herzinniglich.

Joh. Mentzer, Pfarrer zu Kemnitz
bei Bernstadt in der Oberlausitz, † 1734.

10*

76. O du Liebe meiner Liebe!

1699.

1. O Durchbre-cher al-ler Ban - de, der du Welt und Tod be-zwangst,
und aus der Er-nie-drung Stan - de dich em-por zum Himmel schwangst,

Um die Dei-nen zu er-ret-ten; willst du im-mer bei uns sein:

so zer-brich denn un-sre Ket-ten, en-de un-srer Knechtschaft Pein.

2.

Dass du nichts von dem verlierest,
Was der Vater dir geschenkt;
Dass du uns zur Ruhe führest,
Aus dem Kampf der uns bedrängt:
Dazu wohnt in dir die Fülle
Aller Weisheit, Lieb und Macht,
Deines Vaters heilger Wille
Sei durch dich an uns vollbracht.

3.

Schau hernieder, wie wir ringen,
Wie wir seufzen immerdar.
Lass zu dir die Bitte dringen,
Uns zu schützen vor Gefahr;
Uns allmächtig zu erlösen
Von dem Dienst der Eitelkeit,
Von der List und Macht des Bösen
Welches stets den Kampf erneut.

GOTTFRIED ARNOLD, geb. 1665, † 1714 als Pastor
und geistlicher Inspector zu Perleberg.

77. O Ewigkeit, du Donnerwort.

Jon. Senor, 1611.

1. Mein Glaub' ist mei-nes Le-bens Ruh, und führt mich dei-nem Him-mel
   Ver-leih mir Herr, Be-stän-dig-keit, dass die-sen Trost in al-lem

zu, o du, an den ich glau - be!
Leid, nichts mei-ner See - le rau - be.

Tief präg es mei-nem

Her - zen ein: welch Heil es ist, ein Christ zu sein.

2.
Du hast dem sterblichen Geschlecht
Zur selgen Ewigkeit ein Recht
Durch deinen Tod erworben.
Zum Staube kehrt zurück der Staub,
Mein Geist wird nicht des Todes Raub;
Du bist für mich gestorben.
Mir, der ich dein Erlöster bin,
Ist dieses Leibes Tod Gewinn.

3.
Ich bin erlöst, ich bin ein Christ,
Und mein beruhigt Herz vergisst
Die Schmerzen dieses Lebens.
Ich dulde, was ich dulden soll,
Und bin des hohen Trostes voll:
Ich leide nicht vergebens.
Gott selber misst mein Theil mir zu,
Hier kurzen Schmerz, dort ewge Ruh.

Dr. Balthasar Münter, geb. 1735, † 1793 als
erster Prediger der deutschen Petrigemeinde zu Copenhagen.

78. O Gott, du frommer Gott.

1619.

1. Ach Gott ver - lass mich nicht, reich' du mir dei - ne Hän - de,
dass ich die Pil - ger - schaft im Glauben wohl voll - en - de.

Hier in dem fin-stern Thal, sei du mein hel - les Licht, mein Ste - cken

und mein Stab; ach Gott, ver - lass mich nicht!

2.

Ach Gott, verlass mich nicht,
Lehr' deinen Weg mich wallen,
Und lass mich nimmermehr
In Sünd' und Thorheit fallen.
Verleih mir deinen Geist,
Gieb Glaubenszuversicht;
Und wenn ich straucheln will,
Dann, Gott, verlass mich nicht!

3.

Ach Gott, verlass mich nicht
In Nöthen und Gefahren;
Wo Niemand schützen kann,
Kannst du mich wohl bewahren.
Wenn sich Versuchung naht,
Und Stärke mir gebricht:
So weiche nicht von mir,
Verlass mich Schwachen nicht!

SALOMON FRANCK, geb. 1659, † 1725 als
Ober-Consistorial-Secretär zu Weimar.

79. O Gott, du frommer Gott.

1. Gott ist und bleibt ge-treu! Er hört nicht auf zu lie - ben, pflegt er gleich
2. Gott ist und bleibt ge-treu! Er hilft ja sel-ber tra - gen, was er uns

oft und tief, die Sei-nen zu be-trü - ben. Er prüfet durch das Kreuz, wie
auf-er - legt, die Last der schweren Pla - gen. Er übt oft stren-ge Zucht, und

rein der Glaube sei, wie standhaft die Ge-duld. Gott ist und bleibt ge - treu!
blei-bet doch da - bei, ein Va-ter der uns liebt. Gott ist und bleibt ge - treu!

3.
Gott ist und bleibt getreu!
Er weiss, was wir vermögen,
Und nie wird er zu viel
Uns Schwachen auferlegen.
Er macht sein gläubig Volk
Von allen Banden frei,
Und rettet aus der Noth.
Gott ist und bleibt getreu!

4.
Gott ist und bleibt getreu!
Er tröstet nach dem Weinen,
Und lässt aus trüber Nacht
Die Freudensterne scheinen.
Der Trübsal heft'ger Sturm
Geht auf sein Wort vorbei.
Sei, Seele, nur getrost!
Gott ist und bleibt getreu!

Dr. Joh. Christian Wilhelmi ?

80. O Lamm Gottes! unschuldig am Stamm.

1515.

1. O Lamm Got-tes! un - schul - dig für uns am Kreuz ge-stor - ben!
Den Tod littst du ge - dul - dig, und hast uns Leb'n er - wor - ben.
Die Sünd' hast du ge-tra - gen, sonst müssten wir ver - za - gen. Er-barm dich un-ser, o Je-su! o Je - su!

2.
O Lamm Gottes! unschuldig,
Für uns am Kreuz gestorben!
Den Tod littst du geduldig,
Und hast uns Leb'n erworben.
Die Sünd' hast du getragen,
Sonst müssten wir verzagen.
Gieb uns deinen Frieden, o Jesu!

Nicolaus Decius.

81. O Traurigkeit! o Herzeleid!

1641.

1. O Trau - rig - keit! o Her - ze - leid! ist das nicht zu be -
2. O Men-schen - kind! nur dei - ne Sünd' hat die - ses an - ge -

kla - gen? Gott des Va - ters ei - nig Kind, wird ins
rich - tet, da du durch die Mis - se - that, wa - rest

Grab ge - tra - gen.
ganz ver - nich - tet.

3. Dein Bräutigam,
Das Gotteslamm,
Liegt hier mit Blut beflossen,
Welches er ganz mildiglich,
Hat für dich vergossen.

4. O süsser Mund!
O Glaubensgrund!
Wie bist du so zerschlagen?
Alles was auf Erden lebt,
Muss dich ja beklagen.

5.
Hochselig ist
Zu jeder Frist,
Der dieses recht bedenket,
Wie der Herr der Herrlichkeit
Wird ins Grab gesenket.

6.
O Jesu, du
Mein Hülf und Ruh;
Ich bitte dich mit Thränen,
Hülf dass ich mich bis ins Grab
Nach dir möge sehnen.

JOHANN RIST, geb. 1607, † 1667 als
Prediger zu Wedel an der Elbe.

11

82. Preis, Lob, Ehr, Ruhm, Dank, Kraft und Macht.

1. Ge - duld! wie sehr der Sturm auch weht; Ge - duld! wenn Trost und Hoffnung
wenn Al - les scheinbar rück-wärts geht, und Got - tes Hand sich nir - gend

schwin - det,
fin - det!
Er schützt dich doch mit un - sicht - ba - - rer Hand, und

führt dich treu bis in das Va - - ter - land.

2.
Geduld! nach manchem sauern Schritt
Wird deine Bahn von Seegen triefen.
Der Glaube wagt auch kühnen Tritt.
Durchwandelt muthig Höh'n und Tiefen;
Er steigt ins Thal der Niedrigkeit hinab,
Und harrt getrost dem Herrn Erhöhung ab.

3.
Geduld, mein Herz, bis Er dir winkt.
Zu ihm ins Freudenreich zu treten.
Und wenn auch Alles bricht und sinkt,
Geduld im Leiden, Wachen, Beten!
Nicht lange mehr, dann ist das Dulden aus;
Mit jedem Schritt nahst du dem Vaterhaus.

CARL BERNHARD GARVE.

83. Ringe recht, wenn Gottes Gnade.

1. Rin - ge recht, wenn Got - tes Gna - de, sich er - bar - mend
2. Rin - ge, denn die Pfort' ist en - ge, und der Le - bens-

zu dir kehrt, dass dein Geist sich ganz ent - la - de,
weg ist schmal, im - mer stehn hier im Ge - drän - ge,

von der Last die ihn be - schwert.
Chri - sti Strei - ter all - zu - mal.

3. Kämpfe bis aufs Blut und Leben,
Dring hinein in Gottes Reich;
Will der Satan widerstreben,
Werde weder matt noch weich.

4. Ringe, deine Lieb' erglühe,
Halbe Liebe hält nicht Stand,
Dass dein Herz der Welt entfliehe,
Sei es ganz für Gott entbrannt.

5. Hast du nun die Perl' errungen,
Denke nicht, nun ist's gethan;
Noch ist Alles nicht bezwungen,
Was der Seele schaden kann.

6. Schaffe ja mit Furcht und Zittern
Deiner Seelen Seligkeit,
Lass dein Herz durch nichts erschüttern,
Wenn der Feinde Macht dir dräut.

Joh. Joseph Winckler, geb 1670, † 1722 als
Consistorialrath und Ober-Dompredger zu Magdeburg.

11*

84. Schmücke dich, o liebe Seele!

Joh. Crüger, 1649.

1. Schmücke dich, o meine See - le, lass die dunk-le Trauer-höh - le,
komm ans hel-le Licht gegan - gen, fan-ge herr-lich an zu pran - gen.

Denn der Herr, voll Heil und Gna - den, will zu seinem Tisch dich la - den;

der den Himmel kann ver - wal-ten, will jetzt Wohnung in dir hal - ten.

2. Froh, wie treue Freunde pflegen,
Eile deinem Freund entgegen.
Der mit seinen Gnadengaben
Jetzt dein armes Herz will laben.
Oeffn' ihm schnell die Geistespforten,
Sprich zu ihm mit süssen Worten:
Komm, ich will dich mit Verlangen
Als den liebsten Gast empfangen!

3. Wer ein Kleinod will erringen,
Pflegt sonst Gold dafür zu bringen,
Doch für diese theuren Gaben
Will er irdisch Gold nicht haben.

In der Berge tiefsten Gründen
Ist kein solcher Schatz zu finden.
Den man könnt' als Zahlung reichen,
Für dies Kleinod sonder Gleichen.

4. Ach wie hungert mein Gemüthe
Nach des Menschenfreundes Güte!
Ach wie pfleget mich zu dürsten
Nach dem Quell des Lebensfürsten!
Nimmer hör ich auf, mit Thränen
Mich nach seinem Mahl zu sehnen,
Dass in diesem Brod und Weine
Christus sich mit mir vereine.

Johann Franck.

85. Seelenbräutigam, Jesu Gotteslamm!

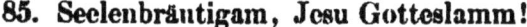

Adam Drese, 1698.

1. See-len - bräu-ti - gam. Je - su Got-tes - lamm. ha - be Dank für
2. Dei-ne Lie-bes-gluth. stär-ket Muth und Blut; wenn du freundlich

dei - ne Lie - be, die mich zieht aus rei - nem Trie - be,
mich an - bli - ckest, und an dei - ne Brust mich drü - ckest,

von dem Sün-den-schlamm. Je - su, Got - tes - lamm!
macht mich wohl-ge - muth. dei - ne Lie - bes - gluth.

3. Wahrer Mensch und Gott.
Trost in Noth und Tod,
Du bist darum Mensch geboren,
Zu ersetzen. was verloren
Durch dein Blut so roth.
Wahrer Mensch und Gott.

4. Meines Glaubens Licht
Lass verlöschen nicht.
Salbe mich mit Freuden-Oele,
Dass hinfort in meiner Seele
Ja verlösche nicht
Meines Glaubens Licht.

5. So werd' ich in dir
Bleiben für und für!
Deine Liebe will ich ehren, .
Und in dir dein Lob vermehren,
Weil ich für und für
Bleiben werd in dir.
Adam Drese, Capelldirector zu Arnstadt.

86. Sollt' ich meinem Gott nicht singen?

Jou. Schop, 1641.

Sollt' ich mei - nem Gott nicht sin - gen, sollt' ich ihm nicht dank-bar sein?
Seh ich doch in al - len Din - gen, sei - ner Lie - be Gna - den - schein.

Ists doch nichts, als lau - ter Lie - ben, was sein treu - es Herz be - wegt, das ohn'

En - de liebt und trägt, die in sei - nem Dienst sich ü - ben. Al - les Ding währt

sei - ne Zeit, Got - tes Lieb in E - wig - keit.

2. Wie ein Adler sein Gefieder
Ueber seine Jungen streckt,
So hat alle Tage wieder
Mich des Höchsten Arm bedeckt.
Aus dem Nichts trat ich ins Leben
Auf des Vaters mächt'gen Ruf;
Und das Leben, das er schuf,
Hat auch stets sein Schutz umgeben
Alles Ding währt seine Zeit,
Gottes Lieb in Ewigkeit.

3. Seinen Sohn, den Eingebornen,
Giebt er aus Erbarmen hin,
Für mich Armen und Verlornen
In des ew'gen Heils Gewinn.
O du Gnade sonder Schranken,
Unergründlich tiefes Meer,
Dich umfassen nimmermehr
Unsre menschlichen Gedanken!
Alles Ding währt seine Zeit,
Gottes Lieb in Ewigkeit.

PAUL GERHARDT. 1656.

87. Straf mich nicht in deinem Zorn.

JOH. ROSENMÜLLER, 1655.

1. Ma - che dich, mein Geist be - reit, wa - che, fleh' und be - te,
dass dir nicht die bö - se Zeit plötzlich na - he tre - te;
un - ver - hofft ist schon oft ü - ber vie - le From - men, die Ver-

su - chung kom - men.

2. Säume nicht und wache auf
Von dem Sündenschlafe,
Sonst ereilt mit schnellem Lauf
Dich Gericht und Strafe.
Sieh, es droht dir der Tod;
Lass dich nicht in Sünden
Uebereilet finden.

3. Wache, dass dich nicht die Welt
Durch Gewalt bezwinge,
Oder, wenn sie sich verstellt,
Listig an sich bringe;
Wach und sieh dass dich nie
Falscher Brüder Lügen
Um dein Heil betrügen.

4. Wache, hab' auf dich wohl Acht,
Trau nicht deinem Herzen;
Leicht kann, wer es nicht bewacht,
Gottes Huld verscherzen:
Ach es ist voller List,
Weiss sich selbst zu schmeicheln,
Frommen Schein zu heucheln.

5. Aber bet' auch stets dabei.
Bete bei dem Wachen,
Denn der Herr nur kann dich frei
Von der Trägheit machen;
Seine Kraft wirkt und schafft,
Dass du wacker bleibest
Und sein Werk recht treibest.

Dr. JOH. BURCHARD FREYSTEIN, 1697.

88. Valet will ich dir geben.

MELCHIOR TESCHNER, 1613.

1. Va - let will' ich dir ge - ben, du ar - ge, fal-sche Welt:
dein sündlich bö - ses Le - ben, durch-aus mir nicht ge - füllt; Im
Himmel ist gut woh - nen; da - hin steht mein Be - gier, da wird Gott
e - wig loh - nen dem der ihm dient all - hier.

2. Rath' mir nach deinem Herzen,
O Jesu, Gottes Sohn!
Soll ich hier dulden Schmerzen,
Hilf mir, Herr Christ, davon:
Verkürz' mir alles Leiden,
Stärk' meinen blöden Muth!
Lass selig mich abscheiden,
Setz mich in dein Erbgut.

3. Verbirg mein' Seel in Gnaden
In deine offne Seit:
Rück sie aus allem Schaden
In deine Herrlichkeit.
Der ist wohl hier gewesen,
Wer kommt ins Himmels Schloss:
Der ist ewig genesen,
Wer bleibt in deinem Schooss.

VALERIUS HERBERGER, geb. 1561, † 1627 als
Prediger zu Fraustadt in Grosspolen.

89. Vater unser im Himmelreich.

1540.

1. So wahr ich le-be, spricht dein Gott, mir ist nicht lieb des Sün-ders Tod.
2. Dies Wort be-denk, o Menschenkind, ver-zweif-le nicht in dei-ner Sünd,

viel-mehr ist dies mein Wunsch und Will', dass in der Sünd' er ste-he still, von
hier findst du Trost und Heil und Gnad', die Gott dir zu-ge-sa-get hat, durch

sei-ner Bos-heit wen-de sich, und le-be mit mir e-wig-lich.
ei-nen heil'gen theu-ren Eid, o se-lig dem die Sünd' ist leid!

3.
Doch hüte dich vor Sicherheit,
Denk nicht: noch hab ich lange Zeit;
Ich will mich erst des Lebens freun,
Und werd ich dessen müde sein,.
Alsdann will ich bekehren mich,
Gott wird wohl mein erbarmen sich.

4.
Heut lebst du, heut bekehre dich,
Eh morgen kommt, kanns ändern sich:
Wer heut ist frisch, gesund und roth,
Ist morgen krank, vielleicht auch todt.
Stirbst du nun ohne Reu und Leid,
So büssest du in Ewigkeit.

NICOLAUS HERMANN.

90. Vom Himmel hoch da komm ich her.

M. Luther, 1535.

3.

Wenn ich dies Wunder fassen will,
So steht mein Geist vor Ehrfurcht still.
Kein endlicher Verstand ermisst,
Wie gross die Liebe Gottes ist.

4.

Damit der Sünder Gnad' erhält,
Erniedrigt sich der Herr der Welt,
Nimmt selbst an unsrer Menschheit Theil,
Erscheint im Fleisch zu unserm Heil.

5. Herr, der du Mensch geboren wirst,
Immanuel und Friedefürst,
Auf den die Väter hoffend sahn,
Dich, Gott, mein Heiland, bet' ich an.

Chr. Fürchtegott Gellert. 1757.

91. Von Gott will ich nicht lassen.

Jos. Caesar, 1549.

1. Von Gott will ich nicht las - sen, denn er ver - lässt mich nicht;
Ich will im Glauben fas - sen, was mir sein Wort ver - spricht.

Er reicht mir sei - ne Hand, er weiss mich zu ver - sor - gen, am

A - bend wie am Mor - gen; das hab ich oft er - kannt.

2.
Wenn Menschen Huld und Lieben
In Ungunst sich verkehrt,
Ist er doch treu geblieben
Dem, der ihn liebt und ehrt.
Er hilft aus aller Noth.
Erlöst aus allen Banden.
Macht frei von Sünd und Schanden.
Und rettet selbst vom Tod!

3.
Auf ihn will ich vertrauen.
Auch in der schwersten Zeit:
Er lässt sein Heil mich schauen,
Und wendet alles Leid.
Ihm sei es heimgestellt!
Leib, Seele, Gut und Leben
Hab' ich ihm übergeben;
Er mach's, wie's ihm gefällt.

M. Ludwig Helmbold, geb. 1532,
† 1598 als Superintendent zu Mühlhausen.

12*

92. Wach' auf mein Herz und singe.

1. Wach auf, mein Herz und sin - ge dem Schö-pfer al - ler
2. Nur er konnt in Ge - fah - ren mich vä - ter - lich be-

Din - ge, dem Ge - ber al - ler Gü - ter, der
wah - ren, als mich die dunk - len Schat - ten der

Men-schen treu - em Hü - ter.
Nacht um - ge - ben hat - ten.

3. Du, höchster Schutz der Müden,
Sprachst zu mir: schlaf in Frieden!
Kein Unfall soll dich schrecken,
Dein Vater wird dich decken.

4. Dein Wort, Herr, ist geschehen;
Ich kann das Licht noch sehen;
Dein ist es, dass aufs Neue
Ich mich des Lebens freue.

5. Du willst ein Opfer haben:
Was bring ich dir für Gaben?
Ich fall in Demuth nieder,
Und bring Gebet und Lieder.

PAUL GERHARDT. 1649.

93. Wachet auf! ruft uns die Stimme. 1599.

Wa-chet auf! ruft uns die Stim-me der Wächter sehr hoch auf der Zin-ne:
Mit-ter-nacht heisst die-se Stun-de; sie ru-fen uns mit hel-lem Mun-de:
wach' auf, du Stadt Je-ru-sa-lem!
wo seid ihr, klu-gen Jung-frau-en!
Wohl-auf! der Bräut'gam kommt; steht
auf, die Lampen nehmt! Hal-le-lu-jah! Macht euch be-reit zur Hochzeitsfreud':
ihr müs-set ihm ent-ge-gen gehn.

2. Zion hört die Wächter singen,
Das Herz thut ihr vor Freuden springen;
Sie wachet und steht eilends auf.
Ihr Freund kommt vom Himmel prächtig,
Von Gnaden stark, von Wahrheit mächtig;
Ihr Licht wird hell, ihr Stern geht auf.
Nun komm, du werthe Kron',
Herr Jesu, Gottes Sohn!
Hosianna!
Wir folgen All' zum Freudensaal
Und halten mit das Abendmahl.

3. Gloria sei dir gesungen
Mit Menschen- und mit Engelzungen,
Mit Harfen und mit Cimbeln schön.
Von zwölf Perlen sind die Thore
An deiner Stadt; wir stehn im Chore
Der Engel, hoch um deinen Thron.
Kein Aug' hat je gesehn,
Kein Ohr hat je gehört
Solche Freude;
Drum jauchzen wir und singen dir
Das Hallelujah für und für.

D. Philipp Nicolai, geb. 1556, † 1608 als Pastor zu St. Catharinen in Hamburg.

94. Warum betrübst du dich, mein Herz?

1. Wa - rum be - trübst du dich, mein Herz, und krän - kest dich in ban - gem Schmerz um eit - les Er - den - gut? Ver - trau - e dei - nem Gott al - lein, denn Erd und Him - mel sind ja sein.

2. Dich las - sen kann und will er nicht; er weiss gar wohl was dir ge - bricht, und wel - che Last dich drückt. Er ist dein Va - ter und dein Gott, und steht dir bei in al - ler Noth.

3.
Weil du mein Gott und Vater bist,
Weiss ich, dass du mich nicht vergisst,
Du väterliches Herz!
Ich, Staub und Asche, habe hier
Sonst keinen Trost, als nur von dir.

4.
O Gott, du bist so reich noch heut,
Wie du gewesen allezeit;
Zu dir steht mein Vertraun.
Machst du mich an der Seele reich,
So gilt mir andrer Reichthum gleich.

Hans Sachs, geb. 1494. † 1576.

95. Warum sollt' ich mich denn grämen?

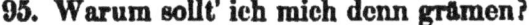

JOH. GEORG EBELING, 1666.

1. Wa-rum sollt' ich mich denn grä - men? hab' ich doch Christum noch,
2. Ich bin an das Licht ge - tre - ten arm und bloss, hül - fe - los,

wer will ihn mir neh - men? wer will mir den Himmel rau - ben,
un - ter Angst und Nö - then; nichts nehm ich auch von der Er - de

den mir schon Got-tes Sohn, bei - ge - legt im Glau - ben?
dann mit mir, wann von hier einst ich schei-den wer - de.

3. Gut und Blut, Leib, Seel' und Leben
Ist nicht mein, Gott allein
Hat es mir gegeben;
Will er's mir nicht mehr gewähren,
Nehm er's hin, Herz und Sinn
Soll ihn dennoch ehren.

4. Schickt er mir ein Kreuz zu tragen,
Dringt herein Angst und Pein,
Sollt' ich drum verzagen?

Der es schickt, der wird es wenden,
Er weiss wohl, wie er soll
All' mein Unglück enden.

5. Unverzagt und ohne Grauen
Soll ein Christ, wo er ist,
Stets sich lassen schauen,
Muss er auch dem Tod' erliegen,
Still und gut soll sein Muth
Auch den Tod besiegen.

PAUL GERHARDT

96. Was Gott thut, das ist wohlgethan.

Severus Gastorius 1175.

1. Was Gott thut, das ist wohl ge - than, es bleibt ge-recht sein Wil - le;
wie er fängt mei - ne Sa - chen an, harr ich sein und bin still - le;

er ist mein Gott, und weiss in Noth, mich mächtig zu er - hal - ten,

drum lass ich ihn nur wal - ten.

2. Was Gott thut, das ist wohlgethan.
Sein Wort kann niemals trügen,
Er führet mich auf rechter Bahn,
Drum lass ich mir genügen
An seiner Huld, und hab Geduld.
Er wird mein Unglück wenden,
Es steht in seinen Händen.

3. Was Gott thut, das ist wohlgethan.
Er wird mich wohl bedenken;
Er als mein Arzt, der heilen kann
Wird mich mit Gift nicht tränken.

Gott ist getreu, und steht uns bei;
Auf ihn nur will ich bauen,
Und seiner Güte trauen.

4. Was Gott thut, das ist wohlgethan.
Er ist mein Licht und Leben,
Der mir nichts Böses gönnen kann,
Ihm will ich mich ergeben.
Nach allem Leid kommt einst die Zeit,
Da öffentlich erscheinet,
Wie treulich er es meinet.

M. Samuel Rodigast, geb. 1649, † 1708 als Rector des Gymnasiums zum grauen Kloster in Berlin.

97. Was mein Gott will, gescheh' allzeit. 1529.

1. Was mein Gott will, ge-scheh all - zeit, sein Will' ist stets der be - ste;
zu hel - fen dem ist er be - reit, der an ihn glau-bet fe - ste.

Er hilft aus Noth, der from - me Gott, und züch-ti - get mit Maas - sen.

Wer Gott ver-traut, fest auf ihn baut, den wird er nicht ver - las - sen.

2.
Mein Gott ist meine Zuversicht;
Er ist mein Licht und Leben;
Fasst seinen Rath mein Herz auch nicht.
Doch solls nicht widerstreben.
Sein Wort ist wahr, er hat das Haar
Auf meinem Haupt gezählet;
Er sorgt und wacht, nimmt mich in Acht,
Giebt Alles was mir fehlet.

3.
Ruft einst mich ab von dieser Welt
Des Höchsten weiser Wille:
Auch dann gescheh, was ihm gefällt,
Ich will ihm halten stille.
Dir, Gott, befehl ich meine Seel
In meinen letzten Stunden;
Durch Christi Tod ist alle Noth
Des Todes überwunden.

ALBRECHT der Jüngere Markgraf zu Brandenburg-
Culmbach, geb. 1522, † 1557.

13

BIBLIOTHECA
REGIA
MONACENSIS

98. Wenn meine Sünd' mich kränken.

1527.

1. Wenn mei-ne Sünd' mich krän - ken, o mein Herr Je - su Christ,
so lass mich wohl be - den - ken, wie du ge - stor-ben bist, und

al - le mei-ne Schulden-last, am Stamm des heil-gen Kreu - zes auf

dich ge - nom-men hast.

2.
O Wunder ohne Maassen!
Wer es betrachtet recht,
Es hat sich martern lassen
Der Herr für seine Knecht!
Es hat sich selbst der wahre Gott
Für mich verlornen Menschen
Gegeben in den Tod.

3.
Was kann mir denn nun schaden,
Der Sünden grosse Zahl?
Ich bin bei Gott in Gnaden
Die Schuld ist allzumal
Bezahlt durch Christi theures Blut,
Dass ich nicht mehr darf fürchten
Der Höllen Qual und Glut.

4.
Drum sag ich dir von Herzen
Jetzt und mein Lebelang,
Für deine Pein und Schmerzen,
O Jesu, Lob und Dank,
Für deine Noth und Angstgeschrei,
Für dein unschuldig Sterben,
Für deine Lieb und Treu.

D. Justus Gesenius, geb. 1601, † 1671 als
Generalsuperintendent zu Hannover.

99. Wenn wir in höchsten Nöthen sein.

GOUDIMEL, 1565.

1. Wenn wir in höch - sten Nö - then sein. und wis - sen
2. So ist das un - ser Trost al - lein, dass wir zu-

nicht wo aus noch ein, und fin - den we - der Half noch Rath,
sam - men ins ge - mein dich an - ru - fen, o treu - er Gott!

ob wir gleich sor - gen früh und spat.
um Ret - tung aus der Angst und Noth.

3. Und heben unsre Aug'n und Herz
Zu dir in wahrer Reu und Schmerz,
Und suchen der Sünd' Vergebung,
Und aller Strafen Linderung.

4. Die du verheissest gnädiglich
Allen, die darum bitten dich
Im Namen dein's Sohns Jesu Christ,
Der unser Heil und Fürsprecher ist.

5. Drum kommen wir, o Herre Gott!
Und klagen dir all unsre Noth,
Weil wir jetzt stehn verlassen gar,
In grosser Trübsal und Gefahr.

6. Sieh nicht an unsre Sünden gross,
Sprich uns derselb'n aus Gnaden los,
Steh uns in unserm Elend bei,
Mach uns von allen Plagen frei.

D. PAUL EBER, geb. 1511, † 1569 als Professor und
Doctor der Theologie, wie auch General-Superintendent zu Wittenberg.

13*

100. Wer nur den lieben Gott lässt walten.

NEUMARK, 1657.

1. Wer nur den lie-ben Gott lässt wal - ten, und hof-fet auf ihn
den wird er wun-der - bar er - hal - ten in al - ler Noth und

al - le - zeit,
Trau-rig - keit;   Wer Gott, dem Al-ler - höchsten traut, der hat auf

kei - nen Sand ge - baut.

2.
Was helfen uns die schweren Sorgen,
Was hilft uns unser Weh und Ach?
Was hilft es, dass wir alle Morgen
Beseufzen unser Ungemach?
Wir machen unser Kreuz und Leid
Nur grösser durch die Traurigkeit.

3.
Sei nur geduldig und bleib stille,
Sei stets in deinem Gott vergnügt,
Und harre wie sein heilger Wille
Und seiner Weisheit Rath es fügt.
Gott, der in Christo uns erwählt,
Weiss auch am besten, was uns fehlt.

4.
Sing, bet und geh auf Gottes Wegen;
Verricht das Deine nur getreu,
Und trau des Himmels reichem Segen,
So wird er bei dir werden neu;
Denn wer nur seine Zuversicht
Auf Gott setzt, den verlässt er nicht.

GEORG NEUMARK, geb. 1621, † 1681 als
Archivsecretär und Bibliothekar zu Weimar.

101. Wer weiss wie nahe mir mein Ende.

1. Wer weiss wie na-he mir mein En - de! hin-geht die Zeit, her-kommt der Tod.
Ach! wie ge-schwinde und be-hen - de, kann kom-men mei-ne To - des - noth!

Mein Gott, mein Gott! ich bitt' durch Christi Blut, machs nur mit mei-nem En-de gut.

2.
Es kann vor Nachts leicht anders werden,
Als es am frühen Morgen war:
Denn weil ich leb auf dieser Erden,
Leb ich in steter Todsgefahr.
|: Mein Gott, :| ich bitt durch Christi Blut,
Machs nur mit meinem Ende gut.

3.
Herr, lehr mich stets mein End' bedenken,
Und wenn ich einstens sterben muss,
Die Seel' in Jesu Wunden senken,
Und ja nicht sparen meine Buss.
|: Mein Gott, :| ich bitt durch Christi Blut.
Mache nur mit meinem Ende gut.

4.
Lass mich bei Zeit mein Haus bestellen,
Dass ich bereit sei für und für;
Und sage stets in allen Fällen:
Herr, wie du willst, so schicks mit mir.
|: Mein Gott, :| ich bitt durch Christi Blut,
Machs nur mit meinem Ende gut.

ÆMILIA JULIANA, Gräfin zu Schwarzburg-Rudolstadt,
geb. Gräfin Barby, geb. 1637, † 1706.

102. Wie schön leuchtet der Morgenstern.

1599.

1. Wie herrlich strahlt der Morgen-stern! O welch ein Glanz geht auf vom Herrn!
Glanz Got-tes, der die Nacht durchbricht, du bringst in fin-stre See-len Licht.
Wer sollte sein nicht ach ten? die nach der Wahrheit schmachten. Dein Wort, Je-su, ist voll Klarheit führt zur
Wahrheit und zum Le - ben. Wer kann dich ge-nug er - he - ben?

2.
Du, hier mein Trost und dort mein Lohn,
Du, Gottes eingeborner Sohn,
Der du im Himmel thronest,
Aus vollem Herzen preis' ich dich!
Wenn ich dich habe, fühle ich,
Wie du den Deinen lohnest.
Zu dir komm' ich:
Wahrlich keiner tröstet deiner sich vergebens,
Wer dich sucht, du Brod des Lebens.

3.
In dir nur kann ich selig sein.
O geuss tief in mein Herz hinein,
Die Flammen deiner Liebe;
Dass ich voll heil'ger Inbrunst sei,
Dein Kreuz zu tragen mich nicht scheu,
Und dein Gebot gern übe.
Treuer Heiland,
Den ich fasse und nicht lasse, ach erwähle
Dir zu eigen meine Seele.

D. PHILIPP NICOLAI.

103. Wie wohl ist mir, o Freund der Seelen.

1703.

Wie wohl ist mir, o Freund der See - len, wenn ich in dei - ner Lie - be ruh.
1. Ich stei - ge aus der Schwermuths-höh - len, und ei - le dei - nen Ar - men zu.

Da muss die Nacht des Trauerns schei - den, wenn mit so an - ge - neh-men Freu - den,

die Lie - be strahlt aus dei - ner Brust. Hier ist mein Himmel schon auf Er - den, wer woll-te

nicht ver - gnü - get wer - den, der in dir su - chet Ruh und Lust.

2.

Die Welt mag schmähen oder preisen,
Es sei also, ich trau ihr nicht,
Wenn sie mir gleich will Lieb erweisen
Bei einem freundlichen Gesicht.
In dir vergnügt sich meine Seele,
Du bist mein Freund, den ich erwähle!
Du bleibst mein Freund, wenn Freundschaft weicht.
Der Welthass kann mich doch nicht fällen,
Weil in den stärksten Unglückswellen
Mir deine Treu den Anker reicht.

3.

Wie ist mir denn, o Freund der Seelen,
So wohl, wenn ich mich lehn auf dich!
Mich kann Welt, Noth und Tod nicht quälen,
Weil du, mein Gott! vergnügest mich.
Lass solche Ruh in dem Gemüthe,
Nach deiner unumschränkten Güte,
Des Himmels süssen Vorschmack sein.
Weg Welt, mit allen Schmeicheleien,
Nichts kann, als Jesus mich erfreuen.
O reicher Trost: mein Freund ist mein!

WOLFGANG CHRISTOPH DESSLER, 1692.

104. Wir Christenleut' hab'n jetzo Freud'.

1589.

1. Auf, schi-cke dich, recht fei - er - lich des Hei-lands Fest mit Dan-ken
2. Sprich dankbar froh: Gott hat al - so die Welt in sei-nem ein'-gen

zu be - ge - hen! Lieb' ist der Dank, der Lob-ge - sang, durch den wir
Sohn ge - lie - bet! o wer bin ich, dass Gott für mich, selbst sei-nen

ihn, den Gott der Lieb' er - hö - hen.
Sohn aus Huld und Gna - de gie - bet!

3.
Im Fleisch erscheint er, unser Freund,
Zur Zeit, da wir noch Gottes Feinde waren;
Er wird uns gleich, um Gottes Reich
Und seiner Liebe Rath zu offenbaren.

4.
An ihm nimm Theil, er ist das Heil;
Bekehre dich, und glaub' an seinen Namen.
Ihn ehret nicht, wer zu ihm spricht:
Herr, Herr! und doch nicht sucht ihm nach-
zunehmen.

5. Rath, Kraft und Held, durch den die Welt
Und Alles ist im Himmel und auf Erden!
Die Christenheit preist dich erfreut,
Und Aller Knie soll dir gebeuget werden.

CHRISTIAN FÜRCHTEGOTT GELLERT, 1757.

105. Wir glauben All' an einen Gott.

1. Wir glau-ben All' an ei-nen Gott, Schö-pfer Himmels und der Er-den, der sich zum
2. Wir glau-ben auch an Je-sum Christ, sei-nen Sohn und un-sern Her-ren, der e-wig
3. Wir glau-ben auch an heil'gen Geist, Gott mit Va-ter und dem Soh-ne, der al-ler

Va-ter ge-ben hat, dass wir sei-ne Kin-der wer-den, er will uns all-zeit er-
bei dem Va-ter ist, glei-cher Gott von Macht und Eh-ren: von Ma-ri-a der Jung-
Blöd'n ein Trö-ster heisst, uns mit Ga-ben zu-ret schö-ne: die gan-ze Chri-sten-heit auf

näh-ren, Leib und Seel auch wohl be-wah-ren, al-lem Un-fall will er
frau-en, ist ein wah-rer Mensch ge-bo-ren, durch den heil'-gen Geist im
Er-den hält in ei-nem Sinn gar e-ben. Hier all' Sünd' ver-ge-ben

weh-ren, kein Leid soll uns wi-der-fah-ren; er sor-get für uns hüt't und
Glau-ben, für uns die wir war'n ver-lo-ren, am Kreuz ge-stor-ben und vom
wer-den; das Fleisch soll uns wie-der le-ben; nach die-sem E-lend ist be-

wacht, hüt't und wacht, es steht Al-les in sei-ner Macht.
Tod, und vom Tod, wied'r auf-er-stan-den ist durch Gott.
reit, ist be-reit, uns ein Le-ben in E-wig-keit.   DR. MARTIN LUTHER

14

106. Wunderbarer König.

JOACHIM NEANDER, 1660.

1. Wunder-ba-rer Kö - nig, Herrscher von uns Al - len! Lass dir
   Dei-ne Gnaden-strö - me lässt du auf uns flie - ssen, ob wir

un-ser Lob ge - fal - len.
schon dich oft ver - lie - ssen.

Demuths-voll, freudig soll un-sre Stimm er-

klin - gen, un-ser Herz dir sin - gen.

2.
Jauchzet laut, ihr Himmel,
Unserm Gott zu Ehren,
Lasset euer Loblied hören!
Preise deinen Schöpfer,
Sonne, deren Strahlen
Dieses grosse Rund bemalen.
Mond und Stern, ehrt den Herrn,
Ihr, der Allmacht Werke,
Rühmet seine Stärke.

3.
O du meine Seele,
Singe fröhlich, singe
Ihm, dem Schöpfer aller Dinge!
Was da Odem holet,
Falle vor ihm nieder,
Bringe Dank- und Freudenlieder!
Er ist Gott Zebaoth,
Alles soll ihn loben,
Hier und ewig droben.

4.
Hallelujah singe,
Wer den Herrn erkennet,
Und in Christo Vater nennet!
Hallelujah singe,
Welcher Christum liebet,
Ihm von Herzen sich ergiebet!
Welches Heil ist dein Theil!
Einst wirst du dort oben
Ohne Sünd ihn loben.

JOACHIM NEANDER.

107. Zeuch meinen Geist, triff meine Sinnen.

1. Hier legt mein Sinn sich vor dir nie-der, mein Geist sucht sei-nen
2. Schau her, ich füh-le mein Ver-der-ben, lass mich in Chri-sti

Ur-sprung wie-der; Herr, dein er-freu-end An-ge-sicht, ver-
To-de ster-ben; o möch-te doch in sei-ner Pein, mein

birg vor mei-ner Ar-muth nicht.
gan-zes Selbst er-töd-tet sein.

3.
Ich fühle wohl, dass ich dich liebe,
Und mich in deinem Willen übe,
Jedoch ist von Unlauterkeit
Die Liebe noch nicht ganz befreit.

4.
Ich muss noch mehr auf dieser Erden
Durch deinen Geist geheiligt werden,
Der Sinn muss tiefer in dich gehn,
Und unbeweglich muss ich stehn.

CHRISTIAN FRIEDRICH RICHTER.

14*

108. Zion klagt mit Angst und Schmerzen.

Joh. Crüger, 1640.

1. Soll denn Alles, Alles en - den, in Ver - we - sung und in Staub?
Lässt der Tod aus sei - nen Hän - den, nimmer-mehr den theu-ren Raub?

Blicket hoffnungs-los hin - ab un-ser Aug ins ö - de Grab? Ist auf

e - wig nun ver - lo - ren, was sich un - ser Herz er - ko - ren?

2. Nein, du bist uns nicht verloren,
Ob dein Leib auch bald zerfällt,
Denn dein Geist weilt neugeboren
Schon in einer bessern Welt.
Was du Wahres hier gedacht,
Was du Gutes treu vollbracht,
Reift zu ew'gem Heil und Seegen
Dort vergeltend dir entgegen.

3. Auch bei uns, die dich beweinen,
Wirkest du in Seegen fort;
Unvergessen von den Deinen
Bleibt dein Beispiel und dein Wort.
Uns, die deinen Werth gesehn,
Kann dein Bild nie untergehn,
Und dir folget noch im Grabe
Lieb und Dank als fromme Gabe.

Druck von Breitkopf und Härtel in Leipzig.